CW00831933

# Ja, stimmt!

## Authentic German for role play

**Alice Mitchell**

Oxford University Press 1990

**Oxford University Press, Walton Street, Oxford OX2 6DP**

Oxford   New York   Toronto
Delhi   Bombay   Calcutta   Madras   Karachi
Petaling Jaya   Singapore   Hong Kong   Tokyo
Nairobi   Dar es Salaam   Cape Town
Melbourne   Auckland

and associated companies in
Berlin   Ibadan

*Oxford* is a trade mark of Oxford University Press

First published 1990
ISBN 0 19 912105 2


**Acknowledgements**
The publishers would like to thank the following
for permission to reproduce photographs and other
copyright material:
Bundesministerium für das Post- und Fernmelde-
wesen pp.19, 22; Deutsche Bundesbahn p.9 (all);
Foto Studio Hillis pp.78, 81; Fremden-Verkehrs-
Zentrale, Sylt p.51; *Jugendscala* pp.66, 78, 92, 95;
Stadt Hamburg pp.30, 73, 74; Stadtjugendamt
München p.96; Alice Mitchell pp.18, 19, 25, 27, 45.

The illustrations are by Judy Brown, Penny Dann,
Caroline Ewen, Gecko Ltd., RDH Artists and Martin
Shovel.

Cover illustration by Geoff Appleton.

Thanks are due to the German School, Richmond,
London, and Oxford High School for the hand-
writing.

Set by Tradespools Ltd, Frome
Printed in Great Britain by Scotprint Ltd,
Musselburgh

# Introduction

**Ja, stimmt** offers practice in the role-play situations which form part of the GCSE and Standard Grade examinations. As these are also the situations any tourist or visitor might need to cope with, the book would be equally useful to anyone preparing for a trip to a German-speaking country.

Each unit begins with a model role-play recorded in Germany, with people speaking at their place of work, at home or on holiday. Although set up with definite aims in mind and within a specific framework, the dialogues developed naturally and are lively and realistic. In units 1–12 I asked the questions in 'survival situations', in shops, cafés, hotels, post offices etc. In units 13–22 German teenagers interview each other and act out various personal conversations such as entertaining a visitor or arranging a date.

The model dialogues in each unit are followed by exercises to practise key phrases and structures. A comprehension check is followed by a 'find the equivalents' exercise, encouraging learners to build up a stock of useful phrases for themselves. There are other whole-class exercises as well as pair-work activities which are marked with the following symbol: ▐

In the last section of each unit there are two special role-play exercises. Students hear one part of each role-play, with a 'prompt' to enable them to play the other part. The German part of each of these role-plays was edited from a recorded dialogue so that the learner has an experience similar to taking part in a real conversation, especially as these role-plays do not closely resemble the model dialogues in every detail. Instead they are intended as an *extra resource*, an *extension* of what has already been learnt, and provide practice in coping with the new and unexpected. As with the model dialogues, transcripts of the German are provided as a 'prop'. There is a short space between each utterance for the pause button to be pressed while the response is given. Learners should practise both parts of each role-play, and once confident enough, can act out the conversations in pairs – with various partners for further consolidation. A third situation is outlined, which allows students to develop their own ideas in a more open-ended exercise. Finally, there is a written exercise marked with the symbol: ✐

The language was controlled but ungraded, and the units can be used in any order.

Alice Mitchell

3

# Contents

Unit

# 1 Einfach ... oder hin und zurück?

 ## 1 Eine Bahnauskunft

*Beamter:* Schönen guten Morgen. Bitte schön?

*AM:* Guten Morgen. Ich möchte morgen nach Hamburg fahren.

*Beamter:* Um welche Zeit bitte schön?

*AM:* Ich möchte gegen elf Uhr da sein.

*Beamter:* Um elf Uhr da sein. Da könnte ich Ihnen empfehlen, daß Sie 9.17 Uhr ab Hannover fahren, dann wären Sie 11.03 Uhr in Hamburg.

*AM:* Sehr schön.

*Beamter:* Oder Sie können 9.41 Uhr fahren, mit einem Intercity, dann sind Sie 10.56 in Hamburg Hauptbahnhof.

*AM:* Ja. Was kostet die Karte hin und zurück?

*Beamter:* Einen Moment. Ich schau' mal nach. Die Hin- und Rückfahrkarte kostet nach Hamburg Hauptbahnhof DM 72,00 zuzüglich DM 10 Intercity Zuschlag für Hin- und Rückfahrt. Also insgesamt DM 82,00.

*AM:* Ist ein Speisewagen am Zug?

*Beamter:* Der Speisewagen ist im Intercity Zug vorhanden.

*AM:* Gut. Wie fahre ich zurück? Ich möchte gegen 22.00 Uhr wieder hier sein.

*Beamter:* In Hannover sein. 22.00 Uhr ... Da kann ich empfehlen: 19.57 ab Hamburg Hauptbahnhof. Der ist 21.45 in Hannover.

*AM:* Sehr schön. Gut. Das mach' ich. Können Sie mir noch sagen, auf welchem Gleis der Zug morgen vormittag fährt?

*Beamter:* Von hier in Hannover? Jawohl, Moment, ich schau' mal nach ... Das wäre hier von Gleis neun.

*AM:* Gleis neun. Vielen Dank.

*Beamter:* Ja, bitte schön.

die **Hin- und Rückfahrkarte** return ticket
**zuzüglich** plus
der **Zuschlag (¨e)** supplement
der **Speisewagen** restaurant car
**vorhanden sein** to be available
**gegen 22.00 Uhr** around 10 pm
das **Gleis (-e)** rail, track

 ## 2 Am Fahrkartenschalter

*AM:* Guten Tag.

*Beamte:* Guten Tag.

*AM:* Eine Fahrkarte nach Hamburg, bitte.

*Beamte:* Ja, einfach oder hin und zurück?

*AM:* Hin und zurück.

*Beamte:* Fahren Sie an einem Tag hin und zurück?

*AM:* Ja, heute.

*Beamte:* Dann können sie eine Sonderrückfahrkarte benutzen. Die kostet nur DM 40,00.

die **Sonderrückfahrkarte** cheap return ticket
**benutzen** to use

### A Comprehension check
True, false, or impossible to say? Can you correct any false statements? Listen again:

1 **a** A train leaves Hannover for Hamburg daily at 9.17 am.

**b** The journey takes almost two hours.

**c** Going by Intercity you'd save over half an hour.

**d** Hannover-Hamburg return costs DM 82,00 by Intercity – plus DM 10,00 IC supplement.

**e** There are restaurant cars on all trains.

**f** If you return on the 19.57 from Hamburg main station you can be back by 10 pm.

**g** The 19.57 for Hannover leaves Hamburg from platform nine.

**2** Travelling from Hannover to Hamburg and back the next day, you could use a cheap return ticket.

## B Find the questions

Look at the statements below – they are in response to various questions. Listen again to both passages and see if you can identify the question in each case.

1 Ich möchte morgen nach Hamburg fahren.
2 Ich möchte gegen elf Uhr da sein.
3 Einen Moment, ich schau' mal nach.
4 Der Speisewagen ist im Intercity Zug vorhanden.
5 Hin und zurück.
6 Ja, heute.

## C Ist ein Speisewagen am Zug?

Listen again, then in the same way ask if various things are available on the train/at the station, e.g.

## D Können Sie mir noch sagen, auf welchem Gleis der Zug morgen vormittag fährt?

Listen again and in the same way take turns at asking for more information, e.g.

1

2

3

The listener chooses an appropriate response:

> **a** Nein, der Zug fährt direkt nach Bonn.
> **b** Sehen Sie am besten auf den Fahrplan dadrüben.
> **c** Der ist nur vormittags vorhanden.

## E Wie fahre ich zurück? Ich möchte gegen 22.00 Uhr wieder hier sein.

Listen again, then practise asking about your return journey. e.g. you wish to be back by:

| heute | vormittag | um | 🕛 |
|---|---|---|---|
| morgen | nachmittag | gegen | 🕛 |
| Freitag | abend | bis | 🕘 |

Can you think of any more examples?

# Fahrplanauszug
# Sommer 1987

31. Mai 1987 bis
26. September 1987 ☀

 **DB**

## Hannover ➡ Salzburg  792 Km

| Verkehrszeiten | ab | Zug | an | Service | Umsteigen in | an | ab | Zug |
|---|---|---|---|---|---|---|---|---|
| | 0.30 | D2885 | 9.30 | nur ▤➛ | Mü | 7.13 | 7.45 | D217 |
| | 1.27 | D299 | 9.52 ▤➛ | | Mü | 7.56 | 8.16 | D291 |
| | 1.27 | D299 | 9.59 ▤➛ | | | | | |
| Mo bis Sa, nicht 8.VI. | 6.07 | **IC**571 | 14.06 | | Bebra | 7.52 | 7.57 | **IC**589 |
| | | | | | Mü | 12.04 | 12.21 | **IC**611 |
| | 7.12 | **IC**581 | 15.11 | | Mü | 13.04 | 13.37 | **EC**21 |
| | 8.39 | **FD**781 | 16.41 ⓡ | | Mü | 14.43 | 14.50 | **FD**211 |
| | | | | | Freil | 16.27 | 16.34 | N5557 |
| | 8.39 | **FD**781 | 16.56 ➛ | | | | | |
| | 9.12 | **EC**81 | 17.30 | | Mü | 15.04 | 15.27 | **FD**723 |
| | 9.30 | **FD**783 | 18.21 ⓡ | | Würzb | 13.05 | 13.42 | **IC**625 |
| | | | | | Mü | 16.04 | 16.47 | **FD**265 |
| Mo bis Sa, nicht 8.VI. | 10.12 | **IC**683 | 18.21 | | Mü | 16.24 | 16.47 | **FD**265 |
| | 12.12 | **IC**583 | 20.35 | | Mü | 18.04 | 19.00 | **EC**67 |
| | 13.12 | **IC**685 | 22.58 | | Mü | 19.24 | 20.54 | E3523 |
| täglich außer Sa, nicht 7.VI. | 14.12 | **IC**585 | 22.58 | | Mü | 20.04 | 20.54 | E3523 |
| | 17.12 | **IC**587 | 1.23 | | Mü | 23.06 | 23.35 | D267 |
| Fr, auch 16.VI. | 22.18 | D1299 | 7.28 ▤➛ | | | | | |

Abweichungen siehe Abfahrtplan
Angaben ohne Gewähr. Änderungen vorbehalten.

**EC** Zuschlag 5,00 DM
**IC** Zuschlag 5,00 DM

## Salzburg ➡ Hannover  792 Km

| Verkehrszeiten | ab | Zug | an | Service | Umsteigen in | an | ab | Zug |
|---|---|---|---|---|---|---|---|---|
| Mo bis Sa, nicht 8.VI. | 5.12 | D266 | 13.45 ♈ | | Mü | 7.03 | 7.33 | **IC**688 |
| | 5.54 | E3502 | 14.45 | | Mü | 8.03 | 8.37 | **IC**686 |
| Mo bis Sa, nicht 8.VI. | 7.08 | E3504 | 15.45 | | Mü | 9.18 | 9.56 | **IC**584 |
| | 7.08 | E3504 | 16.45 | | Mü | 9.18 | 10.37 | **IC**684 |
| werktags, nicht 18.VI., 15.VIII. | 8.15 | E3506 | 16.45 | | Mü | 10.22 | 10.37 | **IC**684 |
| | 9.20 | **EC**66 | 17.45 | | Mü | 10.59 | 11.56 | **EC**24 |
| | | | | | Würzb | 14.17 | 14.25 | **EC**90 |
| | 10.38 | **FD**210 | 18.45 ⓡ | | Mü | 12.23 | 12.56 | **EC**80 |
| | 10.38 | **FD**210 | 19.05 ⓡ➛ | | | | | |
| täglich außer Sa, nicht 7.VI. | 11.56 | **FD**264 | 19.45 ✕ | | Mü | 13.32 | 13.56 | **IC**520 |
| | | | | | Würzb | 16.17 | 16.25 | **IC**682 |
| | 12.34 | **EC**20 | 20.45 | | Mü | 14.10 | 14.56 | **IC**582 |
| täglich außer Sa, nicht 7.VI. | 13.46 | D892 | 21.45 ♈ | | Mü | 15.46 | 15.56 | **IC**620 |
| | | | | | Würzb | 18.17 | 18.25 | **IC**680 |
| | 13.46 | D892 | 22.45 ♈ | | Mü | 15.46 | 16.56 | **IC**580 |
| täglich außer Sa, nicht 7.VI. | 15.38 | **IC**610 | 23.51 | | Mü | 17.25 | 17.56 | **IC**588 |
| | | | | | Bebra | 22.02 | 22.07 | **IC**674 |
| | 19.20 | D298 | 4.34 ▤➛ | | | | | |
| Sa, nur 13.VI. bis 26.IX., auch 8., 17.VI. | 20.29 | D1298 | 6.17 ➛ | | | | | |

Abweichungen siehe Abfahrtplan
Angaben ohne Gewähr. Änderungen vorbehalten.

**EC** Zuschlag 5,00 DM
**IC** Zuschlag 5,00 DM

### Zeichenerklärung: // Explanation of Signs:

**EC** = EuroCity
1. und 2. Klasse (**EC**-Zuschlag erforderlich, Platzreservierung unentgeltlich) // 1st and 2nd class (supplementary **EC** charge, seat reservation free)

**IC** = Intercity-Zug // Intercity-Train,
1. und 2. Klasse (**IC**-Zuschlag erforderlich, Platzreservierung unentgeltlich) // 1st and 2nd class (supplementary **IC** charge, seat reservation free)

**FD** = Fern-Express, qualifizierter Schnellzug // Long distance Express, qualified Express Train

D = Schnellzug // Express Train
E = Eilzug // Semi Fast Train
Ⓢ = DB-Schnellbahnzug // DB-Urban railway
Ohne Buchstaben = Zug des Nahverkehrs // Without any letter = Local Train

† = an Sonn- und allgemeinen Feiertagen // runs on Sundays and Public Holidays only
✕ = an Werktagen // weekdays only
① = Montag // Monday
② = Dienstag // Tuesday
③ = Mittwoch // Wednesday
④ = Donnerstag // Thursday
⑤ = Freitag // Friday
⑥ = Samstag (Sonnabend) // Saturday
⑦ = Sonntag // Sunday

Ⓐ = ✕ außer ⑥ // on ✕ (weekdays) except Saturdays
Ⓑ = täglich außer ⑥ // Daily except Saturdays
Ⓒ = ⑥ und † // Saturdays and † (Sundays and Holidays)

➛ = Kurswagen // Through coach
▤ = Schlafwagen // Sleeping Car
➛ = Liegewagen // Couchettes
✕ = Zugrestaurant // Restaurant Car
ⓡ = Quick-Pick-Zugrestaurant // Quick-Pick-Restaurant Car
♈ = Speisen und Getränke im Zug erhältlich // Light refreshments available on the train
☎ = Münz-Zugtelefon // Coin-box telephone available on the train
⊞ = Grenzbahnhof mit Paß und Zoll // Border Station (Passport and Customs Examinations)
⊟ = Paß und Zoll im fahrenden Zug // Passport and Customs Examinations are carried out during the journey
🚌 = Buslinie // Bus service
✈ = Ⓢ-Verkehr zum Flughafen // Ⓢ-railways to the airport
Ⓤ = Umsteigen // Change of trains
(200) = Streckennummer im Kursbuch // Table number of timetable

**Fahrplanauszug**   timetable excerpt
**Verkehrszeiten**   travelling times
**umsteigen**   to change trains
**Mü** = München
**Frei** = Freilassing
**Würzb** = Würzburg
**Salzb** = Salzburg

| FAHRPREISE AB HANNOVER (DM) | | |
|---|---|---|
| **Stadt** | **Einfach** | **Hin und zurück** |
| Bebra | 72.00 | 108.00 |
| Mü | 120.00 | 178.00 |
| Würz | 135.00 | 162.00 |
| Salzb | 170.00 | 220.00 |
| EC & IC Zuschlag DM 5,00 | | |

## F  Die Fahrkarten

Study the train tickets below, then copy out the table and fill in the prices:

| von… | nach… | → = DM… | ⇄ = DM… |
|---|---|---|---|
| | | | |

G Below are incomplete timetables for the train service between Hannover and Salzburg. Copy out both timetables, then ask a partner to supply the missing information on *one* of them.
(He or she consults the timetable on page 8 for this.)
When *your* timetable is complete, swap roles and provide your partner with the relevant information for the other timetable.
(Each of you should also note down the details you supply, so that you can check each other afterwards!)

| Fahrplan A: ab Hannover HBF | | |
|---|---|---|
| **Nach** | **Abfahrt** | **Ankunft** |
| Bebra | 6.07 | … |
| München | … | 14.43 |
| Würzburg | 9.30 | … |
| Salzburg | 22.18 | … |

| Fahrplan B: ab Salzburg HBF | | |
|---|---|---|
| **Nach** | **Abfahrt** | **Ankunft** |
| Würzburg | … | 14.17 |
| München | 11.56 | … |
| Bebra | 15.38 | … |
| Hannover | 20.29 | … |

# Role play

Act out these situations at the Railway Information Desk with a partner, swapping roles.

**1 Ab Hannover**

You (*A*) are on holiday in Hannover but want to visit a pen-friend in Hamburg, arriving by 4 pm and returning later in the evening.

A: (Say Hello, and where and when you want to go.)

B: Da könnten Sie losfahren ab Hannover 14.41 Uhr und Sie sind in Hamburg Hauptbahnhof 15.56 Uhr.

A: (Ask which platform.)

B: Der Zug fährt auf Gleis 7.

A: (Ask if you need a seat reservation – eine Platzkarte.)

B: Nein, das ist nicht notwendig. In der Woche finden Sie immer einen Platz.

A: (Ask how much it costs.)

B: Da Sie an einem Tag hin und zurückfahren, können Sie eine Sonderrückfahrkarte benutzen. Die kostet DM 40,00 für hin und zurück.

A: (Ask if you can buy a ticket there.)

B: Nein, dazu haben wir unsere Fahrkartenschalter. Wenn Sie jetzt hier 'rausgehen, ein Stück weiter runter auf der linken Seite, Schalter 1 bis 11.

A: (Respond politely.)

B: Bitte schön.

**2 Ab Glückstadt**

You (*B*) are in Glückstadt and want to go to Hannover for the day, leaving as soon as possible, and arriving back around 11 pm.

A: Schönen guten Tag. Sie wünschen, bitte?

B: (Respond politely, and say where you want to go.)

A: Ja, möchten Sie jetzt gleich reisen?

B: (. . .)

A: Ja, der nächste Zug geht 11.47 Uhr von Gleis 2.

B: (Supplement? DM . . . ?)

A: Nein, dieser Zug ist zuschlagsfrei.

B: (Ask what time you can return.)

A: 19.41 Uhr von Hannover, und der ist um 22.12 Uhr in Glückstadt. Das ist ein I.C. und da brauchen Sie einen Zuschlag für DM 5.00.

B: (Respond politely.)

A: Bitte schön.

**3** Listen again to passage 1, the conversation at the information desk at Hannover main station. Then act out the situations below with a partner. *A* is a tourist asking about travel to and from Hannover, *B* is the official, and consults the information on pages 8 and 9 to give the best advice. Note down the information you supply/receive under the headings:

```
Tag ...............................................
Nach .............................................
Abfahrt um .................................. Uhr
Ab Gleis .........................................
(Umsteigen in ...............................)
Ankunft um ...................................
Preis: einfach DM ..........................
       hin und zurück DM ........................
       (Zuschlag DM ..............................)
```

(Don't forget to swap roles!)

**a** It's Thursday, 6.30 am. You want to spend a few days in Munich, before returning to Hannover by the following Tuesday evening.

**b** You want to travel to Würzburg, any day, Monday to Friday, but setting out early enough to spend the afternoon and travelling back the same evening.

**c** You and a friend want to spend a long weekend in Salzburg, travelling on the overnight train. Book a place in a sleeper on the outward journey, and a couchette on the way back.

**4** Imagine you are in Germany, using a rail card to visit various pen-friends. Consult the timetable on page 8 again and plan a round trip from Hannover, calling at different towns. Then write postcards to your friends, informing them of your plans and stating arrival and departure times.

# 2 Es wäre für zwei Nächte

 ## Die Anmeldung

**I**

*AM:* Guten Tag.

*Rezeption:* Guten Tag. Bitte schön?

*AM:* Haben Sie ein Zweibettzimmer frei bitte?

*Rezeption:* Ja, heute ist noch etwas frei.

*AM:* Es wäre für zwei Nächte.

*Rezeption:* Ja, das ist möglich. Wir haben Zimmer mit Dusche oder Dusche mit WC. Wie Sie es gerne möchten.

*AM:* Was kostet das pro Person in einem Zweibettzimmer mit Dusche?

*Rezeption:* Das Doppelzimmer mit Dusche kostet DM 118,00. Das Doppelzimmer Dusche/WC DM 126,00 pro Nacht.

*AM:* Ist das Frühstück inbegriffen?

*Rezeption:* Ja, das Frühstücksbüffett ist im Preis inbegriffen.

*AM:* Kann man bei Ihnen das Abendessen einnehmen?

*Rezeption:* Nein. Wir haben leider kein Restaurant. Aber hier ganz in der Nähe können Sie viele Restaurants aufsuchen.

*AM:* Gut.

**die Anmeldung**  reception/registration form
**möglich**  possible
**die Dusche**  shower
**inbegriffen**  included
**das Abendessen einnehmen**  to have dinner
**leider**  unfortunately
**ganz in der Nähe**  close by

**II**

*AM:* Ich bin mit dem Auto da. Haben Sie eine Garage?

*Rezeption:* Wir haben selbst keine eigene Garage, aber schräg gegenüber, fünfzig Meter entfernt, ist die öffentliche Parkgarage. Dort können Sie vierundzwanzig Stunden lang parken.

*AM:* Kann ich hier telephonieren?

*Rezeption:* Ja. Sie haben auch Telephon auf dem Zimmer.

*AM:* Gut. Dann nehme ich das Zweibettzimmer mit Dusche. Aber nur für heute abend.

*Rezeption:* Ja. Bitte sehr, das wäre das Zimmer 354. Im dritten Stock.

*AM:* Das ist mit Dusche/WC, ja?

*Rezeption:* Ja.

*AM:* Haben Sie einen Aufzug?

*Rezeption:* Ja, der Fahrstuhl ist gleich hier links, geradeaus. Sie können ihn benutzen bis zur vierten Etage.

*AM:* Ah ja. Sieht das Zimmer nach hinten oder vorne auf die Straße?

*Rezeption:* Das Zimmer ist zur Fußgängerzone gerichtet. Ist also auch sehr ruhig.

*AM:* Sehr ruhig, ja. Em, soll ich mich jetzt eintragen, oder geht das morgen?

*Rezeption:* Es wäre mir am liebsten, wenn Sie sich jetzt eintragen würden. Hier bitte der Name, die Stadt, das Land – und die anderen Personalien.

*AM:* Gut. Brauchen Sie den Reisepaß?

*Rezeption:* Nein, wir brauchen keinen Reisepaß in der Bundesrepublik.

*AM:* Gut.

*Rezeption:* So bitte schön, hier Ihren Schlüssel. Er paßt auf das Zimmer und auf den rückwärtigen Eingang als Haustürschlüssel.

*AM:* Gut. Vielen Dank.

*Rezeption:* Ja, ich danke auch.

| | |
|---|---|
| **schräg gegenüber** diagonally opposite | **gerichtet** directed |
| **entfernt** distant | **ruhig** quiet, peaceful |
| **öffentlich** public | **sich eintragen** to check in |
| **im dritten Stock** on the third floor | **Es wäre mir am liebsten …** I'd prefer … |
| **der Aufzug/der Fahrstuhl** lift | **Personalien** personal data |
| **geradeaus** straight ahead | **brauchen** to need |
| **benutzen** to use | **der Reisepaß** passport |
| **die Etage** floor | **passen auf** + *acc.* to fit |
| **hinten** the back | **rückwärtig** rear |
| **vorne** the front | **der Eingang** entrance |
| **die Fußgängerzone** pedestrian precinct | **der Haustürschlüssel** door key |

## A Comprehension check

1 Listen to the tape, then supply the information missing below:

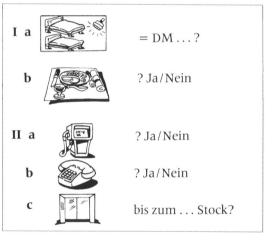

2 Leave a note for a friend …
Listen again to part II, then copy out the following note, filling in the gaps:

We have room No. … on the … floor. It's very quiet - it looks out over…! They won't need to see your passport. I just had to fill in…, … and… We can come and go as we please, because…

**B Haben Sie ein Zweibettzimmer frei, bitte?**
**Was kostet es pro Person in einem Zweibettzimmer mit Dusche?**

Listen again, then take turns at asking about the following rooms:

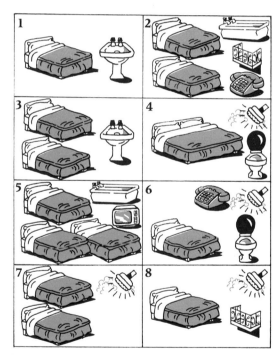

The listener responds appropriately, e.g. **ein … Zimmer mit … kostet pro Person DM …**

**C Es wäre für drei Nächte**
In the same way, say you need the room for:

1 × ☽   2 × ☽   8 × ☀   14 × ☀

12

**D Sieht das Zimmer nach hinten oder vorne auf die Straße?**

To ask what the room looks out over, use:
**sehen (nach hinten/nach vorne) auf + den/die/das/die ...**
Take turns at asking whether the room looks out over these:

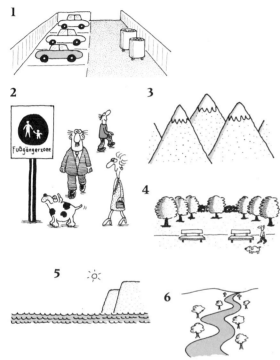

1

2

3

4

5

6

The listener responds appropriately, e.g.

| Es sieht | nach vorne nach hinten | auf die Straße auf den Parkplatz | aber es ist sehr ruhig. |
|---|---|---|---|

**E Haben Sie eine Garage?**

Have you got a garage? In the same way, take turns at asking about:

**F Telephone enquiries**

*A* is doing part-time reception work at the Hotel Krone (see page 14).
*B* wants to know what facilities are available at the hotel. Answer your partner's enquiries as fully and politely as you can. Then swap roles.
Note down the information you have given/received in each case.

**G Kann man bei Ihnen das Abendessen einnehmen?**
**Kann ich hier telephonieren?**

Two different ways of putting a question: formal, then more personal and direct.
Listen again, then take turns at asking:

| Kann Können | ich man wir | hier bei Ihnen | | kaufen? benutzen? bekommen |
|---|---|---|---|---|

The listener chooses a suitable response:

**a** Ja, natürlich. Liegestühle können Sie auch haben.
**b** Klein Moment. Ich muß welche holen.
**c** Ja gerne. Sprechen Sie bitte mit unserem Küchenchef.
**d** Englische oder deutsche?

Can you think of any more examples?

**H Ich bin mit dem Auto da.**

What would you say if you had arrived with any of the following vehicles?

What would you say if you were on foot?

## Role play

With a partner, work out these two conversations between the hotel receptionist (A) and guest (B). Then act them out, swapping roles.

 **1** *A:* Guten Tag. Kann ich Ihnen helfen?

*B:* (Ask if they have a double room.)

*A:* Ja, das haben wir noch. Was möchten Sie denn für eins, eins mit Dusche, mit Dusche/WC oder ohne allem?*

*B:* (Ask if there is a washbasin.)

*A:* Mit Waschgelegenheit und Etagendusche, das genügt Ihnen? Das kostet DM 62,00 dann, mit Frühstück.

*B:* (Respond appropriately.)

*A:* Ja. Würden Sie bitte die Anmeldung ausfüllen? Name und Adresse genügt. Und die Unterschrift, bitte.

*B:* (Ask if they need your passport.)

*A:* Nein, den brauch' ich nicht, danke. Und hier ist Ihr Schlüssel. Ihr Zimmer ist auf der ersten Etage. Frühstück ist auch auf der ersten Etage und Ihr Schlüssel ist gleichzeitig Haustürschlüssel zum hinteren Eingang.

*B:* (Respond politely and ask when breakfast is.)

*A:* Frühstück ist von sieben bis neun Uhr.

*B:* (Respond politely.)

 **2** *A:* Bitte schön?

*B:*  ?)

*A:* Ja, suchen Sie sich welche aus.

*B:* (DM . . . ?)

*A:* Die kleinen kosten vierzig Pfennige, die großen eine Mark.

*B:* (  ?)

*A:* Briefmarken kann ich Ihnen auch geben. Bitte schön.

*B:* (  = DM . . . ?)

*richtig:* ohne alles

14

*A:* Das macht drei Mark insgesamt. Danke.

*B:* (Respond politely.  ?)

*A:* Wenn Sie England anrufen wollen, sagen Sie bitte vorher an der Rezeption Bescheid.

*B:* (Respond appropriately.)

*A:* Bitte sehr.

**3** You've arrived in a German town and need a hotel room for the night.

With a partner, act out the conversation at the hotel reception desk, with one of you as the receptionist:

Ask if they have any single rooms with a shower or bathroom, find out how much they cost, and whether they look out onto the back or to the street. Check that breakfast is included and whether they need your passport. Finally, ask if you may make a telephone call.

The person acting as receptionist will find details of prices on the list below:

| HOTEL KRONE : PREISE | | | |
|---|---|---|---|
| **Zimmer** | **Mit Dusche/WC** | **Mit Bad** | **Preis** |
| Einzelzimmer | — | — | DM 40 |
| Einzelzimmer | X | — | DM 60 |
| Zweibettzimmer | X | — | DM 100 |
| Zweibettzimmer | — | X | DM 120 |
| Dreibettzimmer | — | X | DM 140 |
| Doppelzimmer | X | — | DM 140 |
| Doppelzimmer | — | X | DM 160 |

*Die Preise verstehen sich inklusive Frühstück, Bedienung und Mehrwertsteuer*

**4** You like the hotel and decide to spend three days there next year.

Write a letter to the manager of the hotel, booking a room with shower for yourself and a friend.

# 3 Rechts oder links?

 1 Auf der Straße

*AM:* Entschuldigen Sie bitte, wie komm' ich hier zur Post?

*Passant:* Ja, da gehen Sie am besten erstmal die Hildesheimerstraße runter, dann gehen Sie nach zwei Ampeln rechts, und dann wieder rechts und dann treffen Sie genau auf die Post.

*AM:* Gibt es hier in der Nähe eine Bank?

*Passant:* Eine Bank? Ja. Da gehen Sie eh, den Altenwegener Damm 'runter, und rechterhand ist da eine Sparkasse.

*AM:* Kann ich da Reiseschecks einlösen?

*Passant:* Das weiß ich nicht.

*AM:* Gut, danke.

*Passant:* Bitte.

**Entschuldigen Sie** excuse me
**erstmal** first of all
**die Ampel** traffic lights
**treffen auf** + *acc.* to come to
**rechterhand** on the right
**Reiseschecks einlösen** to cash travellers' cheques

 2 In der U-bahn

*AM:* Können Sie mir sagen, wie ich zum Jugendzentrum komme, ja?

*Fahrgast:* Sie fahren jetzt mit der U-bahn, bis zur Bekerstraße, steigen dort aus, und gegenüber von der Bekerstraße ist ein Parkplatz, ein großer, und da ist schon das Jugendzentrum. Da treffen sich die jungen Leute.

*AM:* Gut, danke.

*Fahrgast:* Bitte.

**das Jugendzentrum** youth centre
**aussteigen** to get off, out
**gegenüber** opposite

 3 Nach Hamburg?

*AM:* Entschuldigen Sie bitte, ich stehe mit dem Auto dahinten und ich möchte nach Hamburg fahren. Können Sie mir sagen, wie ich dorthin komme?

*Passant:* Ja, da fahren Sie jetzt hier Richtung Garbsen, an der Ringstraße nach rechts und ab da ist ausgeschildert. Da können Sie dann nach Hamburg kommen.

*AM:* Gut. Ich brauche noch Benzin. Ist hier in der Nähe eine Tankstelle?

*Passant:* Ja. Also nach der Ringstraße entweder rechts, oder Sie fahren auf die Autobahn und da ist eine große Tankstelle, Tag und Nacht geöffnet. Und da können Sie auch tanken.

*AM:* Gut, danke.

**Richtung Garbsen** towards Garbsen
**ausgeschildert** signposted
**das Benzin** petrol
**die Tankstelle** petrol station
**entweder ... oder** either ... or
**geöffnet** open
**tanken** to fill up with petrol

 4 Zum Marktplatz?

*AM:* Entschuldigen Sie bitte, können Sie mir sagen, wie ich hier zum Marktplatz komme?

*Passant:* Ja, gerne. Gehen Sie doch bis zur Post dort vorne. An der Post rechts, dort treffen Sie auf eine Kirche, die sehen Sie schon, und an der Kirche ist der Marktplatz.

*AM:* Ah so, also direkt hinter der Kirche?

*Passant:* Ja, Sie müssen etwas um die Kirche herumgehen. Es sind einige Stände, denn heut' morgen ist Markt dort, und eh, Sie sehen das schon. Da kommen Sie auf einen großen

Brunnen und dort ist genau der
Marktplatz.

*AM:* Ah ja. Können Sie mir noch sagen,
wie ich hier eine Bank finde?

*Passant:* Ja. Wenn Sie am Marktplatz sind,
em, nehmen Sie die Straße, die große
Hauptstraße, die rechts an der Kirche
entlangführt, gehen dort ein Stück
entlang, und genau neben dem
Supermarkt finden Sie die Bank.
Dort können Sie auch Reiseschecks
einlösen, und . . . und Konto
eröffnen, zum Beispiel.

*AM:* Gut. Danke.

*Passant:* Bitte schon.

**der Stand (¨e)** stall, booth
**der Brunnen** fountain
**die Hauptstraße** main street
**führen** to lead, run
**ein Stück entlang** a little way along
**ein Konto eröffnen** to open an account
**zum Beispiel** for example

## 5 Immer geradeaus!

*AM:* Entschuldigen Sie bitte, können Sie
mir sagen, wie ich zum
Hauptbahnhof komme?

*Passant:* Ja, selbstverständlich. Sie gehen am
besten die Richtung geradeaus, um
zirka zweihundert Meter würd' ich
sagen. Dann gehen Sie die Straße
rechts 'runter, immer geradeaus, und
da sehen Sie den Hauptbahnhof
schon.

*AM:* Gut. Danke.

*Passant:* Bitte.

### A Comprehension check

Listen to the passages on the tape. Can you
tell:

1 a For the post office is it up or down
Hildesheimerstraße?
  b Where should you turn right?

2 a Where should you get off for the youth
centre?
  b Where will you find the centre?

3 a For Hamburg is it right or left at the ring
road?
  b How will you know which direction it is
from there?
  c Where will you find a 24-hour service
station?

4 a Which way first for the market square?
  b Which building is it next to?
  c Which way from there to a bank?
  d Is it far?
  e Where is the bank, exactly?

5 Which way to the main station?

### B Equivalents

Listen to the passage again and find the
German used to find the following
information:

1 how to get to the post office
2 whether there's a bank nearby
3 how to find the youth centre
4 where to find a service station
5 if the market place is right behind the
church.

Now find the phrases used to give these
directions:

1 Turn right at the second lights, then right
again.
2 There's a bank on the right.
3 by Underground as far as Bekerstraße.
4 From there it's signposted.
5 You'll come to a church.
6 Right next to the supermarket.

## C Match this!

Can you match the symbols to the correct description?

SCHLÜSSEL:

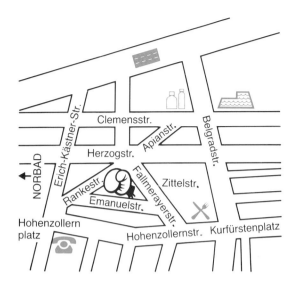

| | | | |
|---|---|---|---|
| **1** | | **a** | Bushaltestelle (*f*) |
| **2** | | **b** | U-bahnstation (*f*) |
| **3** | | **c** | Kirche (*f*) |
| **4** | | **d** | Ampel (*f*) |
| **5** | | **e** | Parkplatz (*m*) |
| **6** | | **f** | Bank (*f*) |
| **7** | | **g** | öffentliche Telefonzellen (*f pl*) |
| **8** | | **h** | Restaurant (*n*) |
| **9** | | **i** | Jugendzentrum (*n*) |
| **10** | | **j** | Hallenbad (*n*) |
| **11** | | **k** | Postamt (*n*) |
| **12** | | **l** | Apotheke (*f*) |
| **13** | | **m** | Supermarkt (*m*) |
| **14** | | **n** | Autobahn |

## D Gibt es hier in der Nähe einen/eine/ein . . . ?

Now look at the map and key above. You are just leaving the sport studio in Emmanuelstraße (marked by a boxing glove!).

**1** *A* asks about the nearest:

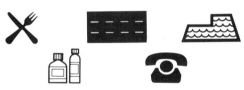

*B* consults the map above and gives directions in German. Be as explicit as possible. For example,
**immer geradeaus/nach der zweiten Ampel/gleich neben der Kirche/ gegenüber vom Supermarkt**, etc.

(Each of you notes down the information given/received.)

**2** This time *B* asks how to get to:

*A* consults the map on page 16 for the required information. (Make notes as before.)

Role play

Act out the situations with your partner, swapping roles.

1  A: (Ask the way to the main station.)
   B: Eh, Sie gehen hier geradeaus, die erste Straße links, und eh, zweihundert Meter geradeaus, vor Ihnen steht dann der Hauptbahnhof.
   A: (Ask the way to the bank.)
   B: Eh, die nächste Bank ist in der zweiten Querstraße links.
   A: (Was that *left* at the *first* crossroads?)
   B: Eh, nein, eh hier geradeaus, die zweite Querstraße links. Auf der linken Seite.
   A: (*Name* of bank?)
   B: Das ist die Spar– und Darlehenskasse.
   A: (Respond politely. Do they accept travellers' cheques?)
   B: Ja, bei dieser Bank können Sie sämtliche Schecks einlösen. Das ist eine normale Geschäftsbank.
   A: (Respond politely. Ask the way to the post office.)
   B: Eh, die Post ist in der Poststraße geradeaus, zweite Straße links, auf der rechten Seite.
   A: (Respond politely.)
   B: Ja, bitte.

2  A: (Greet a passerby and ask how to get on the road to Hamburg.)
   B: Ah ja, eh fahren Sie Richtung Garbsen.
   A: (Ask how you get on to the Garbsen road.)
   B: Das ist hier vorne. Fahren Sie Richtung nach Garbsen und da kommt eine große Ringstraße.
   A: (Respond appropriately.)
   B: Die umkreisen Sie halb und da ist der Rest schon ausgeschildert.
   A:  ?
   B: Da führt's auf die Autobahn.
   A: 🔌🚗 ?
   B: Ja, fahren Sie die gleiche Richtung. Auch Richtung Garbsen. Und hinter der Ringstraße auf der rechten Seite, da ist eine Tankstelle.
   A: (Respond politely.)

3  **So geht's!**
   In German, write a note for a tourist explaining how to get to one or more of these places from your home / school:

   underground    bus stop
   telephone      café
   car park       motorway

4  Can you complete the word at the foot of this page? Each major town has one! Need more clues? Find the German equivalents of the words below and write down the first letter of each word to help with the answer:

   | 1 traffic lights |
   | 2 petrol station |
   | 3 behind |
   | 4 half |
   | 5 to find |

   | _ | 1 | U | _ | 2 | _ | A | 3 | _ | 4 | 0 | 5 |
   |---|---|---|---|---|---|---|---|---|---|---|---|

# 4 Auf der Post und auf der Bank

 ## 1 Am Briefmarkenschalter

AM: Guten Tag.
Beamter: Guten Tag.
AM: Was kostet eine Postkarte nach England, bitte?
Beamter: Sechzig Pfennig.
AM: Und ein Brief?
Beamter: Normal achtzig. Es kommt auf das Gewicht an.
AM: Gut. Dann nehme ich zehn Briefmarken zu sechzig und drei zu achtzig.
Beamter: Bitte sehr.
AM: Danke. Dann habe ich noch ein Päckchen.
Beamter: Auch nach England?
AM: Ja. Muß ich noch etwas ausfüllen?
Beamter: Ja. Füllen Sie bitte diesen grünen Zollzettel aus. Und reichen das Päckchen hier bitte durch.
AM: Ja. Gut. Bitte.
Beamter: Danke schön. Das Päckchen kostet DM 5,80. Dazu Ihre Briefmarken. Das macht DM 14,20.
AM: Ich habe aber nur hundert Mark. Können Sie das wechseln?
Beamter: Ja, das ist kein Problem.
AM: Schön. Noch eine Frage, bitte. Wo find' ich einen Briefkasten?
Beamter: Sie finden zwei Briefkästen hier bei uns in der großen Schalterhalle, und drei Briefkästen vor dem Postamt.
AM: Gut, danke.
Beamter: Bitte schön.

**das Päckchen** packet, parcel
**der Zollzettel** customs form
**durchreichen** pass through
**wechseln** to change
**der Briefkasten (⁼)** or **(-)** letter box
**die Schalterhalle** counter hall
**das Postamt** post office

 ## 2 Ein Gespräch nach England

AM: Guten Tag.
Beamte: Guten Tag.
AM: Ich möchte gerne nach England telephonieren. Was muß ich da machen?
Beamte: Ja, gehen Sie da bitte da vorne in die Kabine.
AM: Welche?
Beamte: Dort vorne rechts.
AM: Kann ich selbst durchwählen?
Beamte: Ja, das können Sie.
AM: Und die Vorwahl nach England?
Beamte: Sie wählen zuerst 0044, müssen dann aber, wenn Sie dort direkt anrufen wollen, die erste Null weglassen.
AM: Die erste Null weg ... Kann ich das Geld gleich einwerfen, oder ...?
Beamte: Nein, wir haben einen Zähler und Sie bezahlen bei mir bar.

**selbst durchwählen** to dial direct
**die Vorwahl** dialling code
**die Null (-en)** zero
**weglassen** to omit, leave out
**einwerfen** to put in
**der Zähler** meter
**bar** in cash

# 3 Ich möchte einen Reisescheck einlösen

| | |
|---|---|
| *AM:* | Guten Morgen. |
| *Angestellter:* | Guten Morgen. |
| *AM:* | Ich möchte einen Reisescheck einlösen. Bin ich hier richtig? |
| *Angestellter:* | Ja, das ist der richtige Schalter. Zeigen Sie mir bitte den Scheck. |
| *AM:* | Bitte schön. Der ist von der Lloyds Bank. |
| *Angestellter:* | Danke schön. Ist das Ihre Unterschrift? |
| *AM:* | Ja. |
| *Angestellter:* | Gut, dann setzen Sie bitte noch einmal hier oben Ihre Unterschrift ein. |
| *AM:* | Oben, ja? Also, bitte. Wie ist heute der Kurs für das englische Pfund? |
| *Angestellter:* | Der Kurs für das englische Pfund ist heute DM 2,96. |
| *AM:* | Und Ihre Gebühr? |
| *Angestellter:* | Pro Scheck DM 1,00, mindestens DM 2,00 und 50 Pfennig Porto. |
| *AM:* | Brauchen Sie den Reisepaß? |
| *Angestellter:* | Ja, geben Sie den bitte her. |
| *AM:* | Bitte. |
| *Angestellter:* | Danke schön. Sagen Sie mir bitte noch, wo der Reisepaß ausgestellt ist. |
| *AM:* | In Liverpool. |
| *Angestellter:* | Gut. Kleinen Moment, bitte. Nehmen Sie Ihren Reisepaß bitte wieder. |
| *AM:* | Danke. |
| *Angestellter:* | Und Ihr Geld: fünfzig, hundert, hundertzwanzig und fünfzehn Pfennig. |
| *AM:* | Also vielen Dank. |
| *Angestellter:* | Nichts zu danken. Auf Wiedersehen. |
| *AM:* | Auf Wiedersehen. |

**der Reisescheck (-s)**   traveller's cheque
**die Unterschrift (-en)**   signature
**der Kurs**   exchange rate
**die Gebühr (-en)**   commission, fee
**das Porto**   mail charges
**ausgestellt**   issued
**nichts zu danken**   don't mention it

## A Comprehension check

1  True, false or impossible to say?
   If you can, correct the false statements:
   **a** Postcards to England usually need sixty Pfennig stamps.
   **b** All letters to England cost eighty Pfennigs to send.
   **c** When sending parcels you fill in a grey customs form.
   **d** The customer must put the parcel on the scales.
   **e** The desk clerk will accept an English cheque.
   **f** There are three letterboxes in and around the post office building.
2  Can you explain:
   **a** How to dial through to England from Germany?
   **b** Where to pay for the call at this post office?
3  You've just changed some traveller's cheques. A friend wants to do the same. Listen to the tape, then answer his/her questions:
   **a** What did the cashier ask you about?
   **b** Where must I countersign the cheque?
   **c** How much commission do they charge?
   **d** Do they need my passport?

## B Equivalents

Listen to the passages again, and find the German equivalent of:
1  **a** How much is a postcard to England?
   **b** I have a parcel as well.
   **c** Do I have to fill in anything?
   **d** Can you change this?
   **e** Where can I find a letterbox?
2  **a** What do I have to do?
   **b** Which one?
   **c** Can I dial direct?
   **d** Omit the first zero.
   **e** You pay me in cash.
3  **a** I'd like to cash a traveller's cheque.
   **b** Am I at the right place?
   **c** Please show me the cheque.
   **d** Is that your signature?
   **e** What is the current exchange rate for the English pound?
   **f** Do you need my passport?

**C Noch eine Frage, bitte. Wo finde ich hier einen Briefkasten?**
Listen again, then in the same way, ask where you can find the following:

1 ein ...    2 eine ...

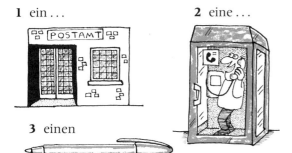

3 einen

Can you think of any more examples?

**D Dann nehm' ich zehn Briefmarken zu sechzig ...**
Listen again, then take turns at ordering some of each of the following:

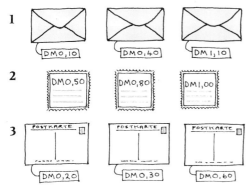

1   DM0,10   DM0,40   DM1,10

2   DM0,50   DM0,80   DM1,00

3   POSTKARTE   POSTKARTE   POSTKARTE
    DM0,20       DM0,30       DM0,60

The listener responds appropriately, for example:
**Bitte schön, das macht DM ... insgesamt.**

· Briefwaage ·

**E Ich möchte gerne nach England telephonieren. Was muß ich da machen?**
Here are some other things you might want to do:
1 einen Eilbrief schicken
2 ein Päckchen schicken
3 direkt durchwählen
4 ein Telegramm schicken
5 von zu Hause zurückgerufen werden
6 die Vorwahl von Schottland nachschlagen
7 einen Zollzettel ausfüllen

Listen again, then take turns at asking for advice in the situations above. The other partner chooses a suitable reply in each case from the list below:

a Füllen Sie dieses Formblatt aus, bitte.
b Reichen Sie es bitte hier durch.
c Sie müssen zu Kasse vier gehen.
d Gehen Sie in eine von den Kabinen dort.
e Sehen sie in den Telefonbüchern nach. Dort vorne links.
f Bitte hier ankreuzen: Geschenk oder Warenmuster.
g Das geht nach England leider nicht. Sie müssen selbst anrufen.

**F Ich habe aber nur hundert Mark. Können Sie das wechseln?**
Listen again, then practise asking for change:

**Deutschland**

50 Pfennig  10 DM

**Österreich**

50 Groschen  100 Schilling

**Die Schweiz**

50 Rappen  20 Franken

Can you think of any more examples?

## Role play

Act out these conversations between a customer at a post office (*A*) and an employee (*B*). Remember to swap roles.

### 1 Briefmarken kaufen

*A:* (Greet the desk clerk.)

*B:* Ja, guten Tag!

*A:* (Ask how much it costs to send a postcard home.)

*B:* Siebzig Pfennige.

*A:* (Ask how much it costs to send a letter home.)

*B:* Das kommt ganz auf das Gewicht darauf an.

*A:* (What is it normally, for example?)

*B:* Achtzig Pfennige.

*A:* (Respond appropriately and order several stamps at both rates.)

*B:* Ja, in Ordnung.

*A:* (Ask how much it costs to send a parcel home.)

*B:* Ja, ganz kleinen Moment. Ich muß es eben auf die Waage legen . . . Ja, dann müßt' ich Sie bitten, nochmal diesen grünen Zollzettel auszufüllen.

*A:* ( . . . )

*B:* Da müssen Sie dann ankreuzen, ob es sich um ein Geschenk oder um ein Warenmuster handelt.

*A:* (Respond politely. Ask how much the stamps for the parcel will cost.)

*B:* OK. Dann macht es DM 5,60

*A:* (Respond politely.)

*B:* Ja, bitte schon.

### 2 Ein Gespräch nach England

*A:* (Greet the official – it's afternoon.)

*B:* Guten Tag!

*A:* ( 📞 . . . England. Can you be called back?)

*B:* Das geht nach England leider nicht.

*A:* (Respond politely. Then you'd like to telephone yourself. Ask what you have to do.)

*B:* Sie gehen in eine von den Kabinen dort. Im Moment sind aber alle besetzt. Sie müssen einen Augenblick warten.

*A:* (Respond politely. Ask if you can dial direct.)

*B:* Ja, das können Sie.

*A:* (Dialling code?)

*B:* Wählen Sie zuerst 0044, dann die Nummer, die Sie anrufen wollen, aber lassen Sie die erste Null weg. Also für London nicht 01 sondern 1.

*A:* (Respond politely. Ask if you need coins for the 'phone.)

*B:* Nein, Sie zahlen nachher bei mir. Ich habe einen Zähler.

*A:* (Respond politely.)

*B:* Hinten ist gerade etwas frei geworden. Gehen Sie bitte in Kabine 14!

*A:* (Respond politely.)

### 3 Geld umtauschen

Act out this conversation between a customer at a bank (*A*) and the cashier (*B*). Remember to swap roles.

*A:* (Greet the cashier.)
*B:* Guten Morgen.
*A:* (You'd like to change some English money – specify how much. Check that you are at the right counter).
*B:* Nein, Sie müssen zu Kasse zwo gehen. Meine Kollegin rechnet Ihnen das ab.
*A:* (Kasse . . . ?)
*B:* Ja, Kasse zwei dort hinten.
*A:* (Respond politely. £ = . . . DM?)
*B:* Ja, der Kurs beträgt für ein Pfund DM 2,96.
*A:* (Commission?)
*B:* Fünfzig Pfennig insgesamt.
*A:* (Respond politely.)
*B:* Bitte.

4 Can you write a note in English for a friend, summing up this advice?

---

**eurocheque - ein bequemes Zahlungsmittel...**

in Deutschland und auf Reisen in 38 Ländern.

**Vergessen Sie aber nie, daß eurocheques Geld wert sind. Diebe wissen das auch.**

Denn eurocheques sind mit Bargeld vergleichbar. Daher interessieren sich auch Betrüger für sie. Vergessen Sie bitte nicht, daß jeder eurocheque 400 D-Mark wert ist und Sie für den Verlust verantwortlich sind.

**Vorsicht! eurocheques werden meist aus Autos gestohlen!**

Unachtsamkeit und mangelnde Vorsicht machen es Dieben einfach. Die Hälfte aller eurocheques werden aus Autos gestohlen. Denn auch verschlossen ist das Auto kein Safe. Ein Auto kann in wenigen Sekunden aufgebrochen werden.

---

5 A **Bundespost** brochure tells you how to make telephone calls in Germany. Can you write simple instructions in English for a friend? (Use a dictionary if need be – and your common sense!)

---

# Rund ums Telefonieren ...

Telefonieren können Sie von jedem Postamt oder von den vielen gelben Telefon - häuschen oder Fernsprechhauben aus. Natürlich auch Ihrem Hotel. Erkundigen Sie sich dort jedoch am besten vorher welche Aufschläge zu den amtlichen Gebühren erhoben werden. Mit den abgebildeten Münztelefonen können Sie auch internationale Gespräche führen.

**a** für Gespräche in alle Länder mit Selbstwahlferndienst. Besetzt- verwählt? Eingeworfenen Münzbetrag beim ersten Gespräch nicht verbraucht? Nicht einhängen! Bei Gesprächen von Münzfernsprechern mit Tastenwahlblock grüne Taste drucken, neu wählen oder Wahlwiederholungstaste drucken.

**b** für selbstgewählte Gespräche in alle europaischen Länder.

An Verkehrsschwerpunkten, wie Flughafen and großen Bahnhofen, gibt es öffentliche Kartentelefone, bei denen die Gesprächsgebühren nicht mit Münzen, sondern mit Telefonkarten bezahlt werden können. Ab 1988 werden Kartentelefone schrittweise überall aufgebaut.
Das Telefonnetz bei uns ist vollautomatisch. Das heißt, Sie können alle Inlandsverbindungen selbst wählen. Selbstwahl ist auch nach über 180 anderen Ländern möglich.

---

# 5 Möchten Sie lieber...?

## 1 Ein Mitbringsel

*Verkäuferin:* Guten Tag.

*AM:* Ich möchte dreihundert Gramm Bonbons bitte.

*Verkäuferin:* Welche möchten Sie gerne?

*AM:* Mehrere Sorten, bitte.

*Verkäuferin:* Möchten Sie lieber Lutscher, Weingummi, Liebesperlen, Kaubonbons?

*AM:* Am liebsten Lutscher, bitte.

*Verkäuferin:* Und welche Geschmacksrichtung? Möchten Sie lieber Frucht-, Lackritz- oder Sahnegeschmack? Wir haben eine große Auswahl.

*AM:* Ja, ich nehme die Hälfte Früchtebonbons und die Hälfte Sahnebonbons.

*Verkäuferin:* Also beides.

*AM:* Ja, bitte.

*Verkäuferin:* So. das wären jetzt zweihundertachtzig Gramm. Reicht Ihnen das?

*AM:* Danke. ja. Könnten Sie mir das als Geschenk verpacken?

*Verkäuferin:* Natürlich, gerne. Es kommt eine schöne Schleife darauf ... So. Das macht jetzt DM 7,80, bitte.

*AM:* Bitte.

*Verkäuferin:* So. Und zwei Mark und zwanzig zurück.

*AM:* Danke schön.

*Verkäuferin:* Bitte. Auf Wiedersehen.

*AM:* Auf Wiedersehen.

**mehrere** several
**Lutscher** boiled sweets
**Weingummi** wine gums
**Liebesperlen** coloured sugar pearls
**Kaubonbons** chewy sweets
**am liebsten** preferably
**Frucht- Lakritz- oder Sahnegeschmack?**
   fruit, licorice or creamy flavour?
**die Auswahl** selection
**die Hälfte (-n)** half
**die Schleife (-n)** bow

## 2 Welche Größe?

*Verkäuferin:* Guten Tag. Kann ich Ihnen weiterhelfen?

*AM:* Ja, bitte. Ich suche ein rotes T-shirt. Haben Sie etwas da?

*Verkäuferin:* Ja. Müssen Sie mal gucken. Auf dem Ständer sind verschiedene Modelle. Welche Größe brauchen Sie denn?

*AM:* Größe 38.

*Verkäuferin:* Ah ja. Das ist ... wäre hier.

*AM:* Gut. Haben Sie etwas ohne Ärmel?

*Verkäuferin:* Müßt' ich mal schauen. ... Ja, hier ist etwas. Gefällt Ihnen das?

*AM:* Das ist mir zu einfach. Haben Sie etwas anderes?

*Verkäuferin:* Hier. Was Buntes. Mit einem bunten Aufdruck. Das ist im Moment sehr modern.

*AM:* Schön, ja. darf ich das anprobieren?

*Verkäuferin:* Ja, gerne. Gehen Sie da drüben zu der Kabine, bitte.

*AM:* Gut.

*Verkäuferin:* Wie gefällt Ihnen das?

*AM:* Ja, sehr gut. Das nehm' ich.

*Verkäuferin:* Das sitzt auch gut.

*AM:* Ja, find' ich auch.

*Verkäuferin:* Ja, gerne. Kommen Sie dann bitte vorne zur Kasse.

*AM:* Danke.

**suchen** to look for
**gucken** to look
**der Ständer (-)** stand, rail
**verschieden** different, various
**der Ärmel (-)** sleeve
**was Buntes** something coloured/patterned
**der Aufdruck** print
**drüben** over there
**die Kabine (n)** cubicle
**Das sitzt auch gut** it fits very well

## 3 Etwas reinigen lassen

*Bedienung:* Grüß Gott.
*AM:* Ich will die Hose reinigen lassen.
*Bedienung:* Es kostet DM 5,90 bitte.
*AM:* DM 5,90. Und dann habe ich diesen Rock.
*Bedienung:* Kostet auch DM 5,90.
*AM:* Wann ist das fertig, bitte?
*Bedienung:* Es dauert bis Donnerstag.
*AM:* Vormittags oder nachmittags?
*Bedienung:* Nachmittags.
*AM:* Gut, dann komm' ich nachmittags. Auf Wiedersehen.
*Bedienung:* Auf Wiedersehen.

**reinigen lassen**   to have cleaned
**fertig**   ready

### A Comprehension check

1 You're invited to a party with a friend and go to a sweet shop for a 'Mitbringsel'. Listen to the conversation on tape and answer your friend's questions:

   a Welche Sorten gab's?
   b Welche hast du gekauft?
   c Wieviele?
   d Was hat's gekostet?
   e Brauchen wir noch Geschenkpapier?

2 You're helping out at a boutique. Listen to the tape:

   a Where are the T-shirts?
   b What colour does the customer want?
   c Is there a choice in this colour?
   d Why does she not want the first T-shirt?
   e What does she not like about the next one?
   f What is special about the third?
   g What does the customer finally decide?

3 Listen to passage 3 and complete the notes below in your own book:

| ITEM | COST | READY BY |
|------|------|----------|
| ... | DM ... | |
| ... | DM ... | |

### B Equivalents

Listen to the passages again and find the German equivalents of:

1 a I'd like three hundred grams of sweets.
   b Which sorts would you like?
   c Would you prefer ... ?
   d Which flavour?
   e Is that enough for you?
   f Could you gift-wrap that for me?

2 a Do you need any help?
   b What size do you take?
   c Have you anything else?
   d May I try it on?
   e How is it?
   f I'll take it.
   g Come over to the cash desk please.

3 a When will it be ready, please?
   b It will take till Thursday.

### C Match this!

Can you match the English descriptions to the labels?

1  BAUMWOLLE

2 WOLLE

3 LEDER

4 MISCHGEWEBE

5 KUNSTSTOFF

   a leather
   b mixed weave
   c wool
   d synthetic
   e cotton

## D

### 1 Ich suche ein rotes T-shirt.

Listen again. *A* asks the shop assistant for various items, e.g.

| Ich | suche<br>möchte<br>brauche<br>hätte gern | einen blauen<br>eine rote<br>ein grünes<br>weiße |
| --- | --- | --- |
|  |  |  |

*B* responds appropriately, e.g.

Wieviel wollten Sie ausgeben?
Welche Größe?
Darf es so was sein?
Wie wäre es damit?
Da hätte ich etwas in Gelb.
Hier hätte ich etwas/welche/in
   Baumwolle/Leder
Gefällt/gefallen Ihnen dieser/e/es/diese
   hier?

### 2 Das ist mir zu einfach. Haben Sie etwas anderes?

You have definite ideas about fashion! Say why you don't like something, and ask if they have anything else, e.g.

| Das<br>Der<br>Die | ist<br>sind | mir | zu | klein/groß<br>kurz/lang<br>teuer/bunt |
| --- | --- | --- | --- | --- |

Haben Sie etwas Größeres/in Blau/in
   Wolle?

*B* responds appropriately, e.g.

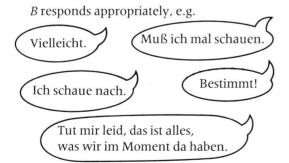

Take turns at each role.

### Welche Größe?

|  | Damen |  |  | Herren |  |  |
| --- | --- | --- | --- | --- | --- | --- |
| GB | 10 | 12 | 14 | 36 | 38 | 40 |
| BRD | 36 | 38 | 40 | 44 | 46 | 48 |

### Welche Schuhgröße?

|  |  |  |  |  |  |  |
| --- | --- | --- | --- | --- | --- | --- |
| GB | 4 | 5 | 6 | 7 | 8 | 9 |
| BRD | 37 | 38 | 39/40 | 41 | 42 | 43 |

### Metric equivalents

100 Gramm = 0.25 lb. (approx.)
Ein Pfund = 500 Gramm = 1.1 lb.
1 Kilo = 2.2 lb
1 Liter = 1.76 pints

## E Consumer Survey

**a** Draw up a suitable table and conduct a survey among your classmates, asking formal questions, for example:

| Mögen<br>Essen<br>Kaufen | Sie | gern<br>lieber<br>am liebsten | Lakritze oder<br>   Sahnebonbons?<br>Schokolade oder<br>   Pralinen?<br>Zeitungen oder<br>   Zeitschriften? |
| --- | --- | --- | --- |

**b** Now chat informally to your partner(s) about their likes and preferences, e.g.
   Möchtest/magst/kaufst du . . . ?
   Möchtet/mögt/kauft ihr . . . ?

# Role play

Act out these shopping situations with a partner, remembering common courtesies.
A = Shop assistant   B = Customer   (Swap roles)

## 1 Die steht Ihnen gut

A: Guten Tag. Suchen sie etwas Bestimmtes?

B: (Say you're looking for some light-weight trousers.)

A: Ja, welche Größe brauchen Sie?

B: (Give your size.)

A: Ja. Schauen Sie mal. Das wären diese Hosen hier. Wie wär's mit der? Ist ein Mischgewebe.

B: (Ask if they have any in cotton.)

A: Ja, hier. Die ist hundert Prozent Baumwolle.

B: (DM ...?)

A: Die hat mal DM 120 gekostet. Die haben wir jetzt reduziert im Sommerschlußverkauf–kostet jetzt nur noch DM 79. Also ist eine Markenjeans.

B: (Ask if you can try them on.)

A: Ja, gerne. Bitte dahin zur Kabine.

B: (Respond politely.)

\* \* \*

A: Na, wie sitzt die?

B: (You'll take them.)

A: Ja, doch. Die steht Ihnen gut. Gut, schön. Wenn Sie bitte vorne zur Kasse kommen.

B: (Respond politely.)

## 2 Am Kiosk

A: Guten Tag. Was darf's sein?

B: (Respond politely. You need a small gift.)

A: Wir haben Schokolade, Pralinen, Bonbons. Was Sie wollen.

B: (You'd like a box of chocolates.)

A: Diese hier? DM 7,90? Oder die um DM 12,95?

B: (Say which you'll have.)

A: Gerne. Kommt noch etwas dazu?

B: (Say you'll have some chocolate.)

A: Vollmilch, Vollmilchnuß oder Zartbitter?

B: (DM ...?)

A: DM 1,15. Die kosten alle gleich.

B: Say how many bars of chocolate you want and what flavour.)

## 3 Ich will ... reinigen lassen.

You take some clothes to the cleaners. Make sure you know how much it will cost for each item, how long it will take, and when you should pick them up. Take turns so that each has a turn at being the customer.

**Wieviel ...?  Wie lange ...?  Wann ...?**

4 Seeing some cheap leather sandals in a sale, you go in and ask for a pair in your size (refer to the metric chart on page 26) and in a particular colour.

**Ich suche ein Paar Ledersandale, Größe ...**

Try them on and check the price. Ask to see larger / cheaper / different sandals, then say which, if any, you'd like.

(Don't forget common courtesies, and swap roles.)

5 You've seen an advertisement for cheap sportswear. Leave a note for a friend who is going into town, saying which item(s) you would like him / her to bring you. Specify size, colour, price etc – give as many details as you can:

# 6 Ich hätte gern ...

## 1 Im Café 'ICI'

**I**

*Fräulein:* Guten Tag. Was hätten Sie gerne?

*AM:* Guten Tag. Einmal eine heiße Schokolade mit Sahne, bitte. Und einmal eine Tasse Kaffee.

*Fräulein:* Ja.

*AM:* Haben Sie auch Kuchen?

*Fräulein:* Ja, wir haben Apfelkuchen, Käsekuchen und eh, Kirschkuchen. Mit oder ohne Sahne, wie Sie mögen.

*AM:* Gut. Dann nehme ich einmal Kirschkuchen.

*Fräulein:* Ja.

*AM:* Und haben Sie auch Eis?

*Fräulein:* Ja. Dazu kann ich Ihnen die Eiskarte zeigen.

*AM:* Die Eiskarte, danke.

*Fräulein:* Ja.

*AM:* Eh, 'Eisbecher Ici', was ist denn das?

*Fräulein:* Das ist ... sind vier Kugeln gemischtes Eis; em, Früchte; ein bißchen Sahne mit Blue Curacao übergossen, und dann Schokoladenstreusel und so weiter.

*AM:* Das habe ich gerade nicht verstanden.

*Fräulein:* Ja? Ja, also vier Kugeln gemischtes Eis, Früchte und Sahne, und das Ganze mit Blue Curacao übergossen.

*AM:* Das Ganze mit ...?

*Fräulein:* Blue Curacao. Das ist ein blauer Likör. Von 'Bols'.

*AM:* Ach so. Ah ja. Gut, dann nehme ich einmal Eisbecher Ici.

*Fräulein:* Ja. Und den Kaffee und den Kuchen und alles.

*AM:* Danke.

*Fräulein:* Bitte.

**II**

*AM:* Fräulein!

*Fräulein:* Ja?

*AM:* Ich möchte gerne zahlen, bitte.

*Fräulein:* Ja, sofort. Das macht eine Schokolade, ein Kaffee, Kuchen und das Eis: DM 14,50 bitte.

*AM:* Gut. Nehmen Sie fünfzehn Mark, bitte.

*Fräulein:* Ja, danke schön.

> **der Eisbecher (-)** ice sundae
> **vier Kugeln gemischtes Eis** four scoops of different flavoured ice-cream
> **die Frucht (¨e)** fruit
> **übergießen** to pour over
> **der Likör (-e)** liqueur

## 2 Im Restaurant

*Helga:* Herr Ober!

*Ober:* Ja, bitte?

*Helga:* Kann ich die Karte haben, bitte?

*Ober:* Aber sicher. Bitte sehr.

...

*Helga:* Herr Ober! Kann ich bestellen, bitte?

*Ober:* Ja, Was möchten Sie bitte?

*Helga:* Ich hätte gern erst die Tagessuppe, dann Wienerschnitzel mit Pommesfrites.

*Ober:* Ein Salat dazu?

*Helga:* Ja, gern.

*Ober:* Bitte sehr. Möchten Sie etwas trinken?

*Helga:* Ja, ich hätte gern frischen Orangensaft.

*Ober:* Aber gern.

*Helga:* Zum Nachtisch hätt' ich gerne Apfelstrudel mit Sahne und einen Kaffee dazu.

*Ober:* Apfelstrudel ist leider aus. Aber vielleicht möchten Sie Eiskrem?

*Helga:* Nein, danke. Ich möchte kein Eiskrem. Haben Sie Käsetorte?

*Ober:* Ja, können Sie gern haben.

*Helga:* Dann hätt' ich gern Käsetorte mit Sahne.

*Ober:* Bitte.

*Helga:* Danke schön.

**sicher** certainly, of course
**bestellen** to order
**Wiener Schnitzel** Viennese Schnitzel
**der Nachtisch** dessert
**Apfelstrudel ist leider aus** Apple strudel is off, I'm afraid.

## A Comprehension check

1 You order refreshments at Café Ici. A friend arrives a little later. Listen to the conversations with the waitress then answer your friend's questions:

a Did you order me a coffee?
b What sort of cake is there?
c Did you order me some?

2 Now listen to the conversation in the restaurant. Could *you* cope as a waiter/ waitress? Answer the questions:

a Helga orders; a soup, Schnitzel and rice. Or was it soup, Schnitzel and chips?
b Does she ask for fizzy orange or orange juice?

## B Equivalents

Listen to the passages again and find the German equivalents of:

**1**
**I  a** What would you like?
   **b** Do you have any cake, too?
   **c** ... as you like.
   **d** I didn't quite understand that.
   **e** ... and so on.

**II a** Waitress!
   **b** I'd like to pay, please.
   **c** Yes, straight away.

**2  a** Waiter!
   **b** Can I have the menu, please?
   **c** Can I order, please?
   **d** I'll start with soup of the day.
   **e** Would you like anything to drink?
   **f** ... and a coffee as well.
   **g** Then I'd like cheesecake.

## C Einmal eine Schokolade mit Sahne, bitte

Take turns at ordering something, e.g.
**Ich möchte ...**

eine/einen/ein
einmal/zweimal
eine Portion/Tasse
zwei Portionen/Tassen
ein Glas/Stück
zwei Glas/Stück

Unfortunately some of the food you want is no longer available:
**... ist leider aus**
and waiter/waitress suggests an alternative:
**Aber vielleicht möchten Sie ...?**
but you choose something else:
**Nein, danke. Ich möchte keinen/ keine/kein ...**
**Haben Sie ...?**

1 keine *Kartoffel*suppe ... eine *Erbsen*suppe?
2 keinen *Tomaten*salat ... einen *gemischten*?
3 kein *Käse*brot ... ein *Schinken*brot?
4 keine *Kirschtorte* ... einen *Obstsalat*?
5 keine *Salz*kartoffeln ... *Brat*kartoffeln?
6 keinen *Wein* ... *Mineralwasser*?

**D** You and your partner are on holiday in Hamburg and want to eat out. Tell your partner about one of these restaurants. Then swap roles. Note down the information you give / receive:

| Wo? | Küche? | Wann geöffnet? | Ruhetag? |
|-----|--------|----------------|----------|

Ristorante "al PINCIO"
Schauenburger Str. 59 · 2 HH 1
**Telefon 36 52 55**
Mo-Sa von 11.30-15 + 18-24 Uhr
sonntags geschlossen

**Was?** Mal wieder richtig lecker Fisch essen
**Wann?** Täglich von 12.00 bis 22.00 Uhr
**Wo?** Bei Sellmer in Eppendorf, Ludolfstraße 50
Wir haben eigene Parkplätze und für besondere Anlässe können Sie Räume für 6 bis 20 Personen reservieren
Tel. 47 30 57
**Sellmer**
Das Fischrestaurant

Griech. Restaurant
**Philipion**
direkt U-Bahn Kl. Borstel
Geöffnet: Mo.-Fr. 12-15 + 17-24 Uhr
Sa., So. 12-24 Uhr
Hohe Qualität · Garten
Niedrige Preise
Wellingsbütteler Landstr. 41
Hamburg 63
**Tel. 59 47 50**

Restaurant "China"
ORIGINAL KANTONESISCHE SPEZIALITÄTEN
Auf Wunsch Entenfüße auf den Tisch. Wetten daß!
Kirchenallee 37, 2 HH 1
Tel. 280 23 12

**Kleines Fährhaus**
Fährdamm 13
2000 Hamburg 13
Genießen Sie das Gartenrestaurant, die Sonne, den herrlichen Alsterblick und unsere hervorragende Küche.
Wir empfehlen unsere Räume für Partys und Festlichkeiten.
Telefon 44 27 19

RISTORANTE
CASA GRIGIA
Warme Küche tägl. 12.00-14.30 und 18.00-23.30 Uhr
So. geschlossen · Garten
Palmaille 104 · 2000 Hamburg 50
Tel. (040) 389 31 32

# Role play

Act out these situations with your partner, swapping roles.

*A* = Waiter / Waitress   *B* = Customer

**1 Frühstück im Hotel**

*A:* Ein Frühstück für Sie?

*B:* (Say good morning, and yes, please.)

*A:* Eh, möchten Sie Tee, Kaffee oder Schokolade?

*B:* (Say you'd like tea.)

*A:* Mit Milch oder Zitrone?

*B:* (fresh milk?)

*A:* Em, das ist Kondensmilch.

*B:* (...)

*A:* Ist gut! Em, möchten Sie Butter oder Marmelade oder Käse?

*B:* (...)

*A:* Eh, kommt gleich!

*B:* (Respond politely.)

**2 Strammer Max?**

*A:* Guten Tag! Was hätten Sie gerne?

*B:* (... Pizza?)

*A:* Nein, wir haben keine Pizza, aber wir haben andere Kleinigkeiten zu essen, und zwar: Suppen, Zwiebelsuppe oder Goulaschsuppe oder Strammer Max.

*B:* Strammer Max?

*A:* Eh, Strammer Max, das ist was typisch Deutsches, und zwar: Schinken mit Ei auf Brot.

*B:* (Respond politely and place an order for Strammer Max or one of the other dishes.)

*A:* Ja, gerne. Und möchten Sie was zu trinken haben?

*B:* (Ask what they have.)

*A:* Ja, *Cola*, eh, alle Säfte, Fruchtsäfte, und *Sprite, Schweppes*.

*B:* (Order something to drink.)

*A:* Ja, gerne.

\* \* \*

*B:* (Call the waitress and say you would like to pay.)

*A:* Ja, sofort. DM 21,50 bitte.

*B:* (Name the sum you would like to pay, to include a small tip.)

*A:* Danke schön!

**3** With a partner, work out two sketches, in which you:
**a** order drinks and snacks in a German café
**b** order a full meal in a German restaurant

> Fräulein! / Herr Ober! Kann ich die Karte haben / bestellen, bitte?
> Ich hätte gern erst . . . , dann . . .
> . . .
> Zum Nachtisch . . .

Refer to the menus below. Ask about anything you don't understand and be as polite as possible when ordering. Afterwards ask for the bill and leave a small tip.

Be prepared to choose again if something is no longer available and swap roles so that each of you has a turn at ordering.

## Delikate Kleinigkeiten

| | | |
|---|---|---|
| 21. | Toast Croque Monsieur | 6,50 |
| 22. | Toast Hawaii | 7,50 |
| 23. | Schinkenbrot „rustikal" | 9,00 |
| 24. | Mettwurstbrot „rustikal" | 8,50 |
| 25. | Strammer Max, Würfelschinken mit Ei auf Brot | 9,50 |
| 26. | Rührei mit Schinken | 6,50 |
| 27. | Zwei Spiegeleier auf gekochtem Schinken | 6,50 |

## Alkoholfreie Getränke 0,2 l

| | | |
|---|---|---|
| 70. | Mineralwasser | 3,00 |
| 71. | Apfelsaft | 3,50 |
| 72. | Bananensaft | 3,50 |
| 73. | Orangensaft | 3,50 |
| 74. | Tomatensaft | 3,50 |
| 75. | Kirschsaft | 3,50 |
| 76. | Coca Cola | 2,50 |
| 77. | Fanta | 2,50 |
| 78. | Sprite | 2,50 |

## Op de Deel
## Restaurant

**Inh. Margrit Grewling**
Am Neuendeich 127
2208 Blomesche Wildnis
Telefon 0 41 24/87 00

**Suppen**

| | |
|---|---|
| Gulaschsuppe | 4,50 DM |
| Frische Hühnersuppe | 4,50 DM |
| Hamburger Krebssuppe | 8,00 DM |

**Kleine Gerichte**

| | |
|---|---|
| Käsebrot | 5,00 DM |
| Mettwurstbrot | 6,00 DM |
| Katenschinkenbrot | 10,00 DM |
| Roastbeef kalt, Remouladensoße und Butterbrot | 12,50 DM |
| Frische Krabben auf Butterbrot | 14,50 DM |
| Matjesbrot nach Art des Hauses | 7,50 DM |
| Geräucherte Forellenfilets mit Sahnemeerrettich, Buttertoast | 13,50 DM |
| Räucherlachs mit Sahnemeerrettich und Buttertoast | 14,50 DM |

Preise verstehen sich inkl. Bedienung und gesetzlicher Mehrwertsteuer

**4** In German, write to a friend describing a special meal / party you have been to:
**. . . wir hatten erst . . . und dann . . . Zu trinken gab's . . .**

# 7 Was fehlt Ihnen denn?

 **1 In der Apotheke**

| | |
|---|---|
| *AM:* | Guten Morgen. |
| *Assistentin:* | Guten Morgen. Bitte schön? |
| *AM:* | Ich habe Sonnenbrand. Können Sie mir etwas empfehlen? |
| *Assistentin:* | Ja, da würd' ich Ihnen ein Gel empfehlen. Das können Sie auftragen, und das kühlt hervorragend. |
| *AM:* | Ja. Ich habe auch einen Insektenstich. |
| *Assistentin:* | Ja, da können Sie das Gel auch verwenden. Das hilft auch gegen Insektenstiche. |
| *AM:* | Gut. Haben Sie etwas gegen Kopfschmerzen? |
| *Assistentin:* | Ja, da könnt' ich Ihnen Tabletten geben. |
| *AM:* | Schön. Was kosten die Medikamente? |
| *Assistentin:* | Das Gel kostet DM 5,95 und die Kopfschmerztabletten DM 4,95. |
| *AM:* | Gut, die nehm' ich dann. |
| *Assistentin:* | Ja. |
| *AM:* | Kann ich bitte eine kleine Tüte haben? |
| *Assistentin:* | Ja. Bitte schön. |
| *AM:* | Danke. Auf Wiedersehen. |
| *Assistentin:* | Auf Wiedersehen. |

**der Sonnenbrand** sunburn
**empfehlen + *dat.*** to recommend
**auftragen** to put on
**hervorragend** excellently
**der Insektenstich (-e)** insect sting/bite
**Kopfschmerzen (*pl.*)** headache

 **2 Bei der Anmeldung**

| | |
|---|---|
| *AM:* | Grüß Gott. |
| *Rezeption:* | Grüß Gott. |
| *AM:* | Ich habe vorhin bei Ihnen angerufen. Kann ich bitte zum Herrn Doktor kommen? |

| | |
|---|---|
| *Rezeption:* | Wenn Sie wollen, dann können Sie gleich hier bleiben. |
| *AM:* | Ja, das wäre schön. |
| *Rezeption:* | Bei welcher Kasse sind Sie denn? |
| *AM:* | Bei der englischen Krankenkasse. |
| *Rezeption:* | Danke. Und dann bräucht' ich noch Ihren Nachnamen. |
| *AM:* | Mitchell. |
| *Rezeption:* | Mitchell. Und Ihren Vornamen, bitte. |
| *AM:* | Alice. |
| *Rezeption:* | Dann bräucht' ich noch Ihre Adresse. |
| *AM:* | Schillerstraße 24. Das ist meine Adresse in München. |
| *Rezeption:* | Ist Ihre Krankenkasse eine Privatkasse? Bekommen Sie die Rechnung von uns zugeschickt? |
| *AM:* | Nein, das ist keine Privatkasse. Das ist die englische Krankenkasse. |
| *Rezeption:* | Gut. Also haben Sie einen Krankenschein jetzt dabei? |
| *AM:* | Ja, bitte. |
| *Rezeption:* | Ja, danke schön. Dann, eh, wissen Sie vielleicht noch Ihre Krankenkassennummer? |
| *AM:* | Oh, das weiß ich nicht. Kann ich das später einreichen? |
| *Rezeption:* | Können Sie auch. Dann rufen Sie mich doch bitte morgen an und teilen Sie mir die Krankenkassennummer mit. Nehmen Sie bitte im Wartezimmer Platz. Links rum, und dann geradeaus durch. |

**vorhin** before, previously
**die (Kranken)kasse (n)** health insurance
**die Rechnung (-en)** bill
**zugeschickt** sent on
**der Krankenschein (-e)** insurance certificate
**einreichen** hand in
**mitteilen** to communicate, inform of
**Platz nehmen** to sit down
**links rum** round to the left

3 Beim Arzt

*AM:* Guten Tag, Herr Doktor.
*Arzt:* Guten Tag. Was fehlt Ihnen denn?
*AM:* Ich habe mir den Magen verdorben.
*Arzt:* Ja, haben Sie Brechreiz oder Durchfall?
*AM:* Mir ist übel, und ich habe Kopfschmerzen.
*Arzt:* Dann muß ich Sie untersuchen. Dann muß ich Fieber messen. Machen Sie bitte den Mund auf. . . . Ja, Sie haben etwas Fieber. Wann hat denn das Fieber angefangen?
*AM:* Gestern abend.
*Arzt:* Ich werde Ihnen etwas aufschreiben. Das sind Tabletten. Und gehen Sie mit diesem Rezept zur Apotheke.
*AM:* Danke. Könnten Sie mir sagen, wie ich zur Apotheke hinkomme?
*Arzt:* Wenn Sie hier links 'rausgehen, sehen Sie die Apotheke zweihundert Meter weiter. Das ist die Rosenapotheke.
*AM:* Gut.
*Arzt:* Die Tabletten, die nehmen Sie dreimal am Tag, vor dem Essen.
*AM:* Ja.
*Arzt:* Wenn es nicht besser wird, kommen Sie in zwei oder drei Tagen noch einmal zu mir. Auf Wiedersehen.
*AM:* Auf Wiedersehen, Herr Doktor. Danke schön.

**der Brechreiz** nausea
**der Durchfall** diarrhoea
**untersuchen** to examine
**das Fieber** temperature, fever
**das Rezept** prescription
**noch einmal** once more

### A Comprehension check

1 Listen to the conversation at the chemist's and compare this case to the one described in the following letter extract, pointing out:
   a similarities
   b differences

> . . . a small cut, so went to the chemist's and they recommended a lovely, soothing ointment. I bought some sun tan oil there too – and some pastilles (I've got a sore throat). This was quite expensive – over twenty Marks altogether, though she did give me a nice little box to put everything in.

2 Now listen to the conversation with the doctor's receptionist and answer the questions:

   a Is this the first time the patient has spoken to the receptionist? Give a reason for your answer.
   b Is she a private patient?
   c What information can the patient not supply immediately?
   d What must she do regarding this?
   e Where is the waiting room?

3 True, false or impossible to say? Can you correct the false statements?

   a The patient has been feeling ill all day.
   b She has a headache and an upset stomach.
   c The doctor takes her pulse.
   d He asks when the headache started.
   e He gives the patient some tablets and a prescription.
   f The chemist's is only a few minutes' away.
   g The tablets are to be taken with meals.
   h The patient must return in a few days.

### B Equivalents
Listen again and find the German used for the following:

1 a I've got sunburn.
   b Can you recommend anything?
   c I've got an insect bite, too.
   d Have you got anything for a headache?
   e Can you let me have a small bag?

2   **a**  Can I see the doctor?
     **b**  That would be nice.
     **c**  Can I supply that later?

3   **a**  I have an upset stomach.
     **b**  I feel sick.
     **c**  I have a headache.
     **d**  Can you tell me how to get to the
        chemist's?

**C  Match this!**
**Was fehlt ihnen?**

What are they suffering from? Match the
pictures to the descriptions, then take turns
at telling the doctor what's wrong:
"Ich habe..."

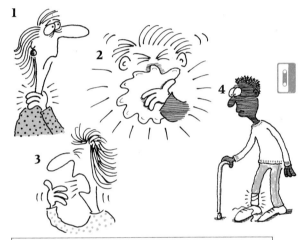

| a  Schnupfen (*m*) | c  Halsschmerzen |
|---|---|
| b  Husten (*m*) |    (*m pl*) |
| | d  eine Zerrung |

The listener chooses an appropriate
response in each case:

Ich empfehle Ihnen etwas zum lutschen.

Haben Sie Husten oder Fieber?

Ich gebe Ihnen eine Spritze gegen die Schmerzen.

Ich verschreibe Ihnen einen Hustensaft.

| Krankheit<br><br>A | Was tun?<br><br>B |
|---|---|
| | Gel auftragen |
| | 1–2 Schmerztabletten dreimal am Tag vor dem Essen |
| | Kamillentee trinken<br>Tabletten lutschen<br>Zitronentee trinken<br>Tabletten einnehmen dreimal am Tag, mit dem Essen |
| | Hustensaft einnehmen |

See page 35

## Role play

With your partner act out these situations at
the chemist's and doctor's, swapping roles.
(*A* = Chemist / Doctor, *B* = Customer / Patient)

**1  Verschnupft!**
  *A:*  Guten Morgen. Bitte schön?
  *B:*  (Greet the chemist. Say you've got a
      cold.)
  *A:*  Ja, welche Beschwerden haben Sie
      denn?
  *B:*  (Say you've got a sore throat and a
      cough.)
  *A:*  Ja, haben Sie auch Fieber oder...?
  *B:*  (...)
  *A:*  Ja, dann würde ich Ihnen einen
      Hustensaft empfehlen, und gegen die
      Halsschmerzen etwas zum lutschen.
  *B:*  (DM...?)
  *A:*  Der Hustensaft würde DM 7,50 kosten,
      und die Halsschmerztabletten DM 4,75.
  *B:*  (Say which you'll have and pay. Ask if
      you can have a small bag.)
  *A:*  Ja. Bitte schön. Und sechzig Pfennig.
      Bitte schön. Eh, falls es in ein paar
      Tagen nicht besser wird, würde ich
      dann lieber nochmal zum Arzt gehen.
  *B:*  (Respond politely.)
  *A:*  Bitte schön.

### 2 Es tut weh!

You fall and hurt yourself and hobble in to see the doctor:

*A:* Guten Morgen.

*B:* (Greet the doctor and say what's wrong.)

*A:* Ja, ich sehe das. Sie laufen sehr schlecht.

*B:* (...)

*A:* Na ja, wir werden das untersuchen. Tut Ihnen dieses so weh, wenn ich hier anfasse?

*B:* (...)

*A:* Na ja. Ich sehe, das kann eine einfache Zerrung sein. Ich würde vorschlagen, ich gebe Ihnen eine Spritze.

*B:* (Respond politely.)

*A:* Wenn die Schmerzen drei oder vier Tage lang immer noch anhalten, müssen Sie eine Röntgenaufnahme* machen lassen.

*B:* (Respond politely.)

*A:* Wenn Sie einen Krankenschein haben, dann geben Sie den bitte in der Rezeption ab.

*B:* (Respond politely.)

*A:* Bitte schön. Gute Besserung!

*die Röntgenaufnahme (-n)* X-ray

### 3

*A* is a tourist in Germany who is not feeling well; *B* is an assistant in a chemist's shop. Refer to the box on page 34 and take turns at each role.
**DON'T** take B's advice seriously – this task is only for fun!

*A:* You are suffering from one or more of the ailments on the previous page. Describe your symptoms to the assistant:
**'Ich habe ...'**, say when it began:
**'vor einer halben Stunde / vor zwei Tagen**, and ask if he / she can recommend anything. Note down any advice given and the price of any medicine you buy:
**Preis: DM ...**
**1 x ..., ... mal am Tag, ... dem Essen.**

*B:* Find out from the tourist what is wrong and when the trouble began. Then offer advice from the list on page 34, suggesting suitable treatment, and stating when and how any medicines are to be taken. Note down anything you sell and its price:
**Aspirin    Preis: DM ...**

### 4 Und Ihren Vornamen, bitte?

You sprain your wrist (**das Handgelenk**) on a skiing holiday in Austria and go to the doctor's, where you are asked to fill in this form. Copy it out and supply the required information:

```
Name: ...........................

Vorname: ........................

Geboren am: .....................

Adresse: ........................

................................

Krankenkasse: ...................

Hausarzt: .......................
```

# 8 Zwei Karten für morgen abend

##  1 Die Vorverkaufsstelle

AM: Guten Tag. Ist das die Vorverkaufsstelle?

Frau: Ja, hier ist die Vorverkaufsstelle.

AM: Ich möchte gerne zwei Karten für morgen abend für das Ballett, bitte.

Frau: Eh, für das Ballet habe ich leider keine Karten mehr. Ich bin ausverkauft.

AM: Oh. Dann möchte ich gerne zwei Karten für den Jazzabend, bitte.

Frau: Ja. Für Kammermusik und Jazz, meinen Sie?

AM: Ja, das meine ich, ja. Was kosten die karten?

Frau: Die Karten kosten von DM 10,00 bis DM 27,00.

AM: Was ist da der Unterschied?

Frau: Das richtet sich danach, wo man sitzt: Weit vorn sind die teuersten Karten, weiter nach hinten wird es dann preiswerter.

AM: Gut. Ist es für Studenten billiger?

Frau: Für Studenten gibt es fünfzig Prozent auf alle Preislagen.

AM: Gut, danke. Em, dann nehme ich zwei Karten für morgen abend, für die erste Reihe. Einmal für einen Studenten und einmal für einen Erwachsenen.

Frau: Ja. Bezahlen Sie DM 37,50 bitte.

AM: Gut.

Frau: Achtunddreißg, vierzig, fünfzig. Danke schön.

**die Vorverkaufsstelle** advance booking office
**ausverkauft** sold out
**die Kammermusik** chamber music
**der Unterschied (-e)** difference
**preiswert/billig** cheap
**die Preislage** price category
**die Reihe** row
**der/die Erwachsene (-n)** adult

##  2 Wie vor dreihundert Jahren

### Lichterfest im Großen Garten Herrenhausen

am 3. August 1987 (Montag)
19 bis 22 Uhr

### „Spiel und Tanz"

Ein unterhaltsames Programm für Erwachsene und Kinder mit internationalen Tanz- und Theatergruppen, Gauklern, dem Kinderzirkus „Giuvanni" und einem Laternenumzug mit Musik. Höhepunkt: stilechtes Barockfeuerwerk. Karten: im Vorverkauf 5,– DM Erwachsene und 3,– DM Kinder (beim Verkehrsbüro) an den Abendkassen 9,– DM bzw. 6,– DM Veranstalter: Verkehrsverein Hannover e. V.

AM: Guten Tag.

Mann: Guten Tag.

AM: Ich hab' gehört, es ist ein Lichterfest heute abend. Kann ich hier Karten dafür kaufen?

Mann: Ja, hier ist die Vorverkaufsstelle. Hier können Sie Karten kaufen.

AM: Was ist das für ein Fest?

Mann: Das Lichterfest ist ein Lampionfest inklusive Feuerwerk, das eh, vor dreihundert Jahren zum erstenmal hier in dem Garten stattgefunden hat, und es wird heute noch original wie vor dreihundert Jahren ein Feuerwerk abgeschossen.

AM: Schön, ja. Wann fängt die Vorstellung an?

Mann: Einlaß ist um 18 Uhr. Und die Vorstellung fängt um 19 Uhr an.

AM: Ah ja. Wann ist die Vorstellung aus?

Mann: Um 23 Uhr.

AM: Was ist, wenn es regnet? Bekommt man das Geld dann zurück?

*Mann:* Das wurde mir leider nicht gesagt. Ich weiß es ehrlich gesagt nicht. Em, wenn es leicht regnet, wird das Feuerwerk trotzdem abgeschossen. Sollte es sehr stark regnen, müßte man normalerweise das Geld zurückverlangen können.

*AM:* Gut, danke. Em, was kosten die Karten?

*Mann:* Die Karten kosten für Erwachsene im Vorverkauf DM 5,50 und für Kinder und Schwerbeschädigte, Studenten und so weiter DM 3,30.

*AM:* Ah ja. Und wenn man die Karten an der Abendkasse kauft?

*Mann:* An der Abendkasse kosten die für Erwachsene DM 9,00 und ermäßigt DM 5,00.

**die Lampion (-s)** Chinese lantern
**stattfinden** to take place, occur
**abschießen** to set off, fire off
**die Vorstellung (-en)** performance
**der Einlaß** admittance
**trotzdem** nevertheless, anyway
**verlangen** to ask for, demand
**der/die Schwerbeschädigte**
  **(-n)** handicapped person
**die Abendkasse** evening box office
**ermäßigt** reduced

## A  Comprehension check

1 You telephone the advance booking office. Listen again, then answer a friend's questions:
   a  Are there any good seats left for the ballet?
   b  What other entertainment is there?
   c  I'd like to sit right at the front. How much would that cost?
   d  How much are the cheapest seats?
   e  What concession is there for students?
   f  Is there a performance tomorrow evening?

2 Listen to passage 2 then tell someone about the event:
   'There's a (what?) (when?) just like one held (when?)! Tickets for students only cost (how much?) at the (where?) –

that's (how much?) cheaper than buying them (where?). The performance lasts for (how long?) Hopefully it won't (do what?) – I might not get my money back!'

## B  Find the questions!

Here are some answers – what were the questions? Listen again:
1  a  Ich bin ausverkauft.
   b  Die Karten kosten von DM 10 bis DM 20.
   c  Für Studenten gibt es fünfzig Prozent auf allen Preislagen.

2  a  Hier können Sie Karten kaufen.
   b  Einlaß ist um 18.00 Uhr ...
   c  Um 23 Uhr.

## C  Was ist das für ein Fest?

Listen once more, then take turns at asking **Was ist das für ein(e) ...**

The listener chooses a suitable response from the list:

a  Es spielt ... gegen ...
b  Es ist die Geschichte eines australischen Krokodiljägers, der nach New York fährt.
c  Das ist ein spannender Krimi von Edgar Wallace.
d  Das ist die neueste Langspielplatte von 'Zoom'.

SITZPLAN: WALFISCH TANGO

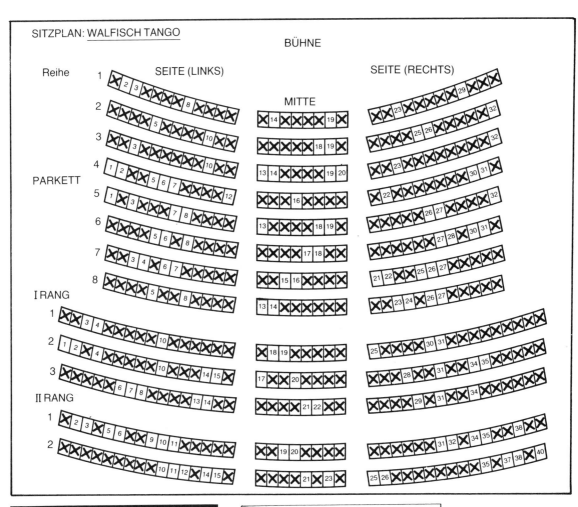

## PREISE (DM):

| Wo | Einzelkarten | Gruppen ab 8 Personen |
|---|---|---|
| 1-3 Reihe | 40 | 38 |
| 4-6 Reihe | 35 | 33 |
| 7-12 Reihe | 32 | 30 |
| Erster Rang | 30 | 28 |
| Zweiter Rang | 28 | 26 |

# Role play

Act out these situations with your partner, swapping roles:

## 1 Eine telephonische Auskunft
(*A* = Booking clerk, *B* = Customer)

*A:* Theater Herrenhausen? Ja, bitte?
*B:* (Respond politely. Ask what's on.)
*A:* Wir haben morgen das Lichterfest. Und dann haben wir noch eine Komödie, von *Goldoni*. Und dann haben wir noch das kleine Fest in Herrenhausen. Und Konzerte.
*B:* (Ask when the small festival begins.)
*A:* Das beginnt am achten. Am achten achten.
*B:* (Ask if the firework display is on Monday.)
*A:* Montag ist Lichterfest, ja.
*B:* (Ask for two tickets.)
*A:* Eh, Karten werden keine bestellt oder reserviert. Die werden direkt gekauft.
*B:* (Beginn: . . . Uhr?)
*A:* 19.00 ist Beginn.
*B:* (Respond politely and say good-bye. Remember this is a telephone call!)
*A:* Bitte. Wiederhören.

## 2 Was läuft heute abend?
(*A* = customer, *B* = booking clerk)

*A:* (Say good evening, and ask what is on tonight.)
*B:* Guten Abend. Heute abend läuft: *Crocodile Dundee.*
*A:*

*B:* Um zwanzig Uhr.
*A:* (Your brother would like a ticket. He's fourteen: . . .)
*B:* Ja, der Film ist für Jugendliche ab sechs Jahre. Es gibt Karten von acht bis zwölf Mark.
*A:*

*B:* Ja, bitte schön. Das macht DM 16,00.
*A:* (Respond politely.)
*B:* Danke.

## 3 Ich möchte gerne zwei Karten für morgen abend für . . .
*A* wants to book tickets for tonight's performance of **Walfisch Tango**, (see situations below.) *B* is the box office clerk and consults the plan on page 38, suggesting suitable seats. Each of you notes down the seats bought and sold and their prices.

> **a** Cheap tickets for yourself and a schoolfriend.
> **b** Two tickets for your pen-friend's parents. They'd like good seats fairly near the front.
> **c** Two good seats in the stalls for yourself and friend.

Now make up situations of your own and act them out in the same way. (This time you don't get your first choice of seats.)

4 Your pen-friend has written asking you if you'd like to go to a concert that's on in her home town when you visit her in the summer. You write back a short note, asking the following:

what sort of concert is it?
when is it on?
how much will it cost?
is there a reduction for students?

# 9 Probleme

 **1 Bei der Bahnhofspolizei**

**I**

*Polizist:* Guten Morgen. Womit kann ich Ihnen helfen?

*AM:* Guten Morgen. Ich habe den Reisepaß verloren.

*Polizist:* Wo haben Sie Ihren Reisepaß verloren?

*AM:* Das weiß ich nicht. Der war in meiner Tasche. Die habe ich nicht mehr.

*Polizist:* Wann und wo haben Sie zum erstenmal festgestellt, daß Ihnen Ihre Tasche fehlt?

*AM:* Jetzt gerade. Am Bahnhof.

*Polizist:* Hier am Bahnhof. Sind Sie mit einem Zug hier angekommen?

*AM:* Ja, aus Hamburg.

*Polizist:* Moment, da schauen wir mal nach. Der ist um 11.10 hier in Hannover angekommen. Ist das richtig?

*AM:* Richtig, ja.

*Polizist:* In welchem Wagen haben Sie gesessen? Erster oder zweiter Klasse?

*AM:* Zweiter Klasse.

*Polizist:* In der zweiten Klasse. Hatten Sie Ihre Tasche auf dem Sitz abgelegt oder im Gepäcknetz?

*AM:* Auf dem Sitz. Ich hatte mehrere Taschen. Also die Tasche ist blau mit einem grünen Streifen.

> **feststellen** to notice, ascertain
> **fehlen + *dat.*** to be missing
> **gerade** just
> **ablegen** to put (lay) down
> **das Gepäcknetz** luggage rack
> **der Streifen (-)** stripe

**II**

*Polizist:* Was befindet sich außer dem Reisepaß noch in der Tasche?

*AM:* Ja, das ist es ja. Also mein Reisepaß, eine Rückfahrkarte nach London, meine Geldbörse mit DM 250,00 und der Jugendherbergspaß.

*Polizist:* Alle diese Dokumente lauten auf Ihren Namen?

*AM:* Ja.

*Polizist:* Gut. Ich werde erstmal versuchen, den Zug über Funk zu erreichen, (ja) daß das Personal im Zuge Nachforschungen anstellt, (gut) ob dort Ihre Tasche gefunden wird. Und wenn Ihre Tasche nicht aufgefunden wird im Zuge, dann werden wir eine Anzeige aufnehmen, (ja) wegen Diebstahls.

*AM:* Gut, danke.

*Polizist:* Haben Sie ... eh, haben Sie außer Bargeld, Schecks und ähnliche Dokumente ...?

*AM:* Nein, das nicht.

*Polizist:* Gut. Das ist schon mal ganz vorteilhaft. (gut) Dann brauchen wir keine Kontosperrung vornehmen lassen.

*AM:* Ja, ja. Gut, danke.

> **sich befinden** to be, find oneself
> **das Personal** personnel
> **die Nachforschung (-en)** enquiry
> **Nachforschungen anstellen** to start enquiries
> **Anzeige aufnehmen** to file a report
> **der Diebstahl** theft
> **ähnlich** similar
> **vorteilhaft** advantageous
> **eine Kontosperrung vornehmen lassen** to have cheques stopped

 **2 Ausgebucht!**

*AM:* Guten Tag! Haben Sie auf dem Campingplatz noch etwas frei?

*Rezeption:* Es tut mir leid, der Campingplatz ist ausgebucht.

*AM:* Ausgebucht! Haben Sie in der Jugendherberge einen Platz frei?

*Rezeption:* Nein, auch nicht.

*AM:* Auch nicht! Was mache ich da? Können Sie mir noch sagen, wo ich das probieren könnte?

| | |
|---|---|
| *Rezeption:* | Versuchen Sie es in der Jugendherberge Springe. |
| *AM:* | Ja. Wo ist das? |
| *Rezeption:* | Ich gebe Ihnen die Adresse: die Jugendherberge Springe, in der Worth, in Springe. Zwanzig Kilometer von Hannover entfernt. |
| *AM:* | Ah ja. Also, gibt es noch eine Möglichkeit hier in der Gegend? |
| *Rezeption:* | Ja, es gibt ein Haus der Naturfreunde in Hannover. |
| *AM:* | Können Sie mir die Telefonnummer sagen? |
| *Rezeption:* | Selbstverständlich: 69 14 93. |
| *AM:* | Gut. Em, glauben Sie, daß es dort eine Möglichkeit gibt? |
| *Rezeption:* | Ich weiß es nicht. |
| *AM:* | Gut, ich werd's probieren. Vielen Dank. |
| *Rezeption:* | OK. Tschüß. |
| *AM:* | Tschüß. |

**ausgebucht** fully booked
**probieren/versuchen** to try
**entfernt** distant
**die Möglichkeit (-en)** possibility
**die Gegend (-en)** area
**selbstverständlich** naturally, of course

## A Comprehension check

1 Listen carefully, then read the police reports below. In what ways does this case differ from the one on the tape?

```
Her identity card has vanished
together with her briefcase. She
had been travelling first class to
London and had placed her briefcase
in the luggage rack. She has also
lost her wallet which is brown with
a grey stripe.

It contains a return ticket to Hamburg,
a cheque worth DM 250,00 and a youth
hostel card. The missing documents are
in her name and she has already asked
railway personnel to search for the
missing items. They may have been
stolen and if they are not found we
will file a report for theft.
```

2 Listen again, then pass on the information to a friend:

   a The camp site in Hannover is (what?).
   b Other accommodation might be available at (where?) or (where?).
   c This is about (how far?) away from here.
   d You might also try (where?).
   e The receptionist told me (what?)
   f but he didn't know (what?)

## B Was befindet sich außer dem Reisepaß noch in dieser Tasche? ...

Also ... eine Rückfahrkarte nach London ...

Tourist *A* has lost a rucksack and reports the loss to railway policeman *B*. Listen again, then take turns at saying what was in the rucksack, for example:

*B* responds appropriately, for example:
   a Wann und wo haben Sie den verloren?
   b Beschreiben Sie den Rucksack/die Hose/ den Fotoapparat.
   c Welche Farbe hatten die Schuhe?
   d Wieviel Bargeld war in der Tasche?
   e Was war in der Tasche sonst noch drin?

**C** In a brochure you discover this useful list of telephone numbers in the town where you are staying (right). Can you identify the people you'd need to ring in the situations below?

**1** Note down the German organisation/ agency/office you would need to ring in each case: (Leave a space for the telephone number for the moment.)

**1**

Du hast den Fotoapparat verloren.

**2**

Nebel. Gibt es am Flughafen Verspätungen?

**3**

Es ist zu heiß. Ein Mann wird krank.

**4**

Autounfall. Eine Frau ist verletzt!

**5**

Du brauchst schnell einen Arzt.

### NOTRUFE

| | |
|---|---|
| **ADAC Pannendienst** 24 Std Service | 19211 |
| **Ärztlicher Notdienst** | 208022 |
| **Auskunft** | 01188 |
| **Bundesbahnauskunft** | 339911 |
| **Erste Hilfe** 24 Std Service | 242881 |
| **Falck's Rettungsdienst** Rund um die Uhr | 5402011 |
| **Feuerwehr Rettungswagen** | 112 |
| **Flughafenauskunft** 5-23 Uhr | 50825 57/58 |
| 24 Stunden Service | 50 80 |
| **Fundbüro** | 351851 |
| **Polizei** | |
| **Zahnärztlicher Notdienst** | 11500 |
| **Zimmernachweis** | |
| **im Hauptbahnhof, Wandelhalle** | |
| **tägl. von 7.00 - 23.30** | 326917 |

**6**

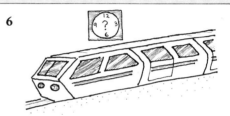

Du möchtest wissen, wann dein Zug fährt.

**7**

Du hast eine Telefonnummer vergessen.

**8**

Du suchst ein Hotelzimmer.

**2** In German, take turns at asking for the telephone numbers of the services you listed before. Note down the numbers given/received in the relevant spaces on your list. Check the numbers afterwards.

## Role-play

Work on these situations with a partner, swapping roles.

 **1 Den Reisepaß verloren!**

Your passport is missing – perhaps stolen!
*A* = Tourist   *B* = Railway police officer

*A:* (Say good morning.)

*B:* Guten Morgen. Was kann ich für Sie tun?

*A:* (Tell him what is the matter.)

*B:* Wo haben Sie Ihren Reisepaß verloren?

*A:* (Tell him you lost it in the train.)
(Your passport was in a red bag, also missing.)

*B:* War die Tasche aus Leder oder aus Stoff?

*A:* (Tell him.)

*B:* Was war in der Tasche noch drin?

*A:* (Tell him there was a purse with some money in the bag.)

*B:* Wieviel Geld und welche Währung?

*A:* (You had English and German currency. Say how much of each.)

*B:* Und Sie können nicht sagen, ob Sie die Tasche stehengelassen haben, oder ob sie Ihnen gestohlen wurde?

*A:* (...)

*B:* Mit welchem Zug sind Sie gekommen?

*A:* (Say you travelled on the 9.15 from Würzburg.)

*B:* Dann möchte ich Sie bitten, dieses Formblatt auszufüllen. Ich brauchte dazu Ihren Namen, Vornamen, die Anschrift.

*A:* (Respond appropriately.)

 **2 Kein Zimmer mehr frei!**

This is what usually happens if you don't write to book accommodation at the camp site or youth guest house beforehand! Act out the dialogue with a partner, swapping roles.
(*A* = Tourist   *B* = Receptionist)

*A:* (Greet the receptionist. Ask if they have a spare bed.)

*B:* Mmm, heute haben wir kein Zimmer mehr frei.

*A:* (Respond appropriately.)

*B:* Sind Sie mit dem Auto oder zu Fuß?

*A:* (Tell her.)

*B:* Wir haben noch ein Naturfreundehaus in Miesburg. Hannover Miesburg.

*A:* (Ask if you can have the 'phone number.)

*B:* Kann ich Ihnen mal 'raussuchen: und zwar ist das 051 030 33 60.

*A:* (Ask if they have a spare bed for tomorrow night.)

*B:* Also bei uns nicht. Wir sind bis Mitte August ... haben wir Gruppen im Hause und da sind wir belegt.

*A:* (Respond appropriately.)

*B:* Es tut mir wirklich leid.

*A:* (Respond appropriately and say good-bye.)

*B:* Wiedersehen!

**3** You left a shopping bag at a railway café by mistake. When you went back to look for it the cafe was closed and you go to the railway police station.

**a** With your partner, write down the conversation you have with the police official and act it out, swapping roles.

**b** In German, write out a description of the missing bag and contents, saying when and where you lost them, and giving your name and address.

# 10 Volltanken, bitte!

##  1 An der Tankstelle

AM: Guten Tag!
Tankwart: Guten Tag!
AM: Volltanken, bitte.
Tankwart: Super oder Normal?
AM: Super . . .
So, wieviele Liter waren das jetzt bitte?
Tankwart: Zehn Liter.
AM: Ah ja. Könnten Sie bitte Öl und Wasser nachprüfen?
Tankwart: Ja, einen Moment . . .
Öl und Wasser sind OK.
AM: Wie bitte?
Tankwart: Öl und Wasser sind OK.
AM: Ah ja. Könnten Sie mir auch noch die Reifen nachkontrollieren, bitte?
Tankwart: Ja, einen Moment . . .
AM: Alles in Ordnung?
Tankwart: Der Luftdruck ist auch OK.
AM: Sehr schön. Haben Sie eine Straßenkarte?
Tankwart: Nein, hab' ich nicht.
AM: Haben Sie nicht. Wo könnte ich eine bekommen?
Tankwart: Eh, an dem Kiosk dort vorne.
AM: Ah so, ja. Gut. Können Sie mir noch sagen, wie ich nach Hamburg fahren kann?
Tankwart: Eh, nach Hamburg? Eh, da müssen Sie hier vorne, wenn Sie von der Tankstelle rausfahren, auf die nächste größere Straße und an der nächsten Ampel rechts rum, und den Schildern dann bitte folgen. Den Autobahnschildern.
AM: Ist alles ausgeschildert?
Tankwart: Ist alles ausgeschildert, ja. Bis zur Autobahn.
AM: Und wie lange dauert das? Also wieviele Kilometer sind das?
Tankwart: Das sind zirka vier Kilometer.
AM: Ah so? Ist nicht mehr weit?
Tankwart: Ist nicht weit, nein.

AM: Gut, danke.
Tankwart: Bitte sehr.

**Super oder Normal?** low or high grade fuel?
**nachprüfen/nachkontrollieren** to check
**der Reifen (-)** tyre
**der Luftdruck** air pressure
**das Schild (-er)** sign
**folgen** + *dat.* to follow
**ausgeschildert** signposted
**zirka** around, circa

##  2 Welche Linie?

AM: Wie komme ich zum Verkehrsbüro?
Mann: Sie fahren von hier mit der Straßenbahn direkt zum Hauptbahnhof, und schräg gegenüber befindet sich das Verkehrsbüro.
AM: Gut. Welche Linie ist das?
Mann: Das ist die Linie 2 und die Linie 1.
AM: Wo kann ich eine Fahrkarte kaufen?
Mann: Direkt hier in Herrenhausen in der Straßenbahn. Oder sonst in den U-bahnstationen in den Automaten.
AM: Was für Fahrkarten gibt es?
Mann: Es gibt Einzelfahrkarten und es gibt auch Sammelfahrkarten. Und Monatskarten. Für Schüler, zum Beispiel.
AM: Ja. Em, eine Sammelkarte – wieviele Karten sind das?
Mann: Das sind fünf Karten.
AM: Und was kostet eine Sammelkarte?
Mann: Zehn Mark.
AM: Gut, danke. Ist es für Studenten billiger?
Mann: Es ist für Studenten billiger. Allerdings nur für die Monatskarten. Einzelkarten sind für die genauso teuer.
AM: Ah ja. Gut, danke schön.
Mann: Bitte schön.

das **Verkehrsbüro** Tourist Information
**schräg gegenüber** diagonally opposite
**sonst** otherwise
**der Automat (-en)** machine
**Sammel-** multi-
**zum Beispiel** for example
**allerdings** however
**genauso** just one

## 3 Gerade einen verpaßt!

*AM:* Guten Tag.

*Fahrer:* Guten Tag.

*AM:* Fährt dieser Bus zum Flughafen, bitte?

*Fahrer:* Nein, der fährt nicht zum Flughafen. Da fährt die Linie 62 und zwar dort vorne am Hauptbahnhof.

*AM:* Wann fährt der?

*Fahrer:* Alle halbe Stunde*. Sie haben gerade einen verpaßt. Er ist gerade weggefahren.

*AM:* Oh je. Gut, danke.

*Fahrer:* Ja, bitte schön.

*AM:* Em, noch eine Frage, bitte. Was kostet es zum Flughafen?

*Fahrer:* Zum Flughafen da haben wir einen Preis von DM 4,00.

*AM:* DM 4,00. Kann ich das Gepäck mitnehmen?

*Fahrer:* Ja. Das Gepäck können Sie kostenlos mitnehmen.

*AM:* Gut, danke.

**der Flughafen (ˉ)** airport
**das Gepäck** luggage
**kostenlos** free

## A Comprehension check

1 Listen carefully then choose the correct alternative:

   a The pump attendant is asked
     **i** for ten litres of petrol.
     **ii** to fill up the tank.

*oder: jede halbe Stunde

  b He is also asked to
    **i** check the tyres.
    **ii** top up the oil.

  c The air pressure
    **i** needs adjusting slightly.
    **ii** is at the correct level.

  d Road maps
    **i** are on sale at the garage.
    **ii** can be bought nearby.

  e For Hamburg you
    **i** turn right at the traffic lights.
    **ii** keep straight on through the lights.

  f To the motorway it's
    **i** exactly four kilometres.
    **ii** around four kilometres.

2 Listen again, then pass on the information:
  a To get to the Tourist Information Office, you go by . . . . . to the . . . .
  b You'll find the Information Office . . . the . . .
  c Ticket machines are located in the . . . .
  d There are three kinds of tickets: . . . ., . . . . . and . . . . .
  e Multi-tickets cost DM . . . . ., that's DM . . . . . per journey.
  f Students pay less for . . . . . tickets, but not for . . . . . tickets.

3 Listen again. Can you tell:
  a which bus goes to the airport?
  b where it leaves from?
  c how often it runs?
  d how much it costs from here to the airport?
  e what charge is made per item of luggage?

## B Equivalents

Listen to the passages again and find the German equivalent of:

1  a  Where could I get one?
   b  Is it signposted all the way?

2  a  Which route number is that?
   b  Is it cheaper for students?

3  a  You've just missed one.
   b  One more question, please.

## C Könnten Sie bitte Öl und Wasser nachprüfen?

Listen again, and in the same way take turns at asking **a** the **Tankwart** and **b** a friend to do these things: (The listener responds politely.)

| Könnten | Sie | das | | nachfüllen? |
|---|---|---|---|---|
| Würden | | den | | volltanken? |
| Könntest | du | die | | nachprüfen? |
| Würdest | | das | | kontrollieren? |

## D Können Sie mir noch sagen, wie ich nach Hamburg fahren kann?

Listen again, then in the same way, take turns at asking for various information.

| . . . wo | ich | | | finden | kann? |
|---|---|---|---|---|---|
| . . . wie | man | | | kaufen | könnte? |
| . . . wann | wir | | | fahren | können? |
| | | | | | könnte? |
| | | | | | wird? |

The listener chooses an appropriate response:

a  In zehn Minuten. Sie haben gerade einen Bus verpaßt.
b  Schräg gegenüber am Kiosk.
c  Fahren Sie links zur Ampel, dann rechts.
d  Von den Automaten in der U-bahnstation.
e  Am Hauptbahnhof.

# Role play

Act out these situations with your partner, swapping roles.

## 1 Volltanken?

(*A = Tankwart*, B = *Kunde/Kundin*)

A:  Volltanken?
B:  (Agree.)
A:  Super oder Normal?
B:  (Say which sort of petrol you need. Then check how much has gone into the tank.)
A:  30,17 Liter.
B:  (Respond politely. Ask if he can check the oil.)
A:  Ja, gerne. . . . Ja, Ölstand ist in Ordnung.
B:  (Respond politely. Ask if he also sells chocolate and street plans.)
A:  Ja, haben wir auch. Kommen Sie bitte mit zur Kasse, ja?
B:  (Respond politely. Ask how to get to Hamburg.)
A:  Von hier nach Hamburg? Fahren Sie jetzt von der Tankstelle runter, halten sich links, dann wieder rechts und dann immer geradeaus und dann ist nach ungefähr drei, vier Kilometern die Autobahn ausgeschildert.
B:  (Respond politely.)

## 2 Zum Hauptbahnhof?

(*A* = Tourist, *B* = Bus driver)

*A:* (Greet the bus driver.)

*B:* Guten Tag. Bitte?

*A:* (Does the bus go to the main station?)

*B:* Ja, da fahr' ich hin.

*A:* (At what time?)

*B:* Ich fahr' in zehn Minuten.

*A:* (DM . . .?)

*B:* Die kostet DM 2,40.

*A:* (And the suit case?)

*B:* Den können Sie einstellen. Der kostet keinen Pfennig!

*A:* (Respond appropriately.)

*B:* Bitte.

## 3

*A* works at the Information Desk in the Munich Underground. *B* is a passenger asking how to travel to various stations. You must both consult the plan below and *A* tells the passenger which route to take and where to change if necessary. Make a note of the details given/received, then check back with your partner.

| Linie | Umsteigen? | Ankunft |
|-------|------------|---------|
| . . . | nach . . . Stationen | nach . . . Stationen |

Take turns at being the Underground employee – see which of you is the most efficient!

## 4

Your penfriend will be coming to stay with you during the Easter holidays. Write him/her a short note explaining how to get from the nearest railway station to your house. Tell him/her which route number bus to take, where to buy tickets, approximately how often it runs and where to get off.

# 11 Vermitteln Sie auch Zimmer?

 1 Der Zimmernachweis

**I**

*AM:* Guten Tag.

*Frau:* Schönen guten Tag.

*AM:* Vermitteln Sie auch Zimmer?

*Frau:* Ja, wir sind der Zimmernachweis.

*AM:* Ja, ich suche ein Zimmer für heute abend. Für mich.

*Frau:* Ja, haben Sie da schon vom Preis eine Vorstellung? Was wollten Sie bezahlen?

*AM:* Ja, ich möchte nicht allzuviel Geld ausgeben.

*Frau:* Allzuviel . . . Ja, wie wäre es dann – in Privathäusern, haben wir so etwas bei zirka DM 80,00, Übernachtung mit Frühstück?

*AM:* Ja, sehr gut, ja.

*Frau:* Das hätten wir. Ja, da hätte ich hier zum Beispiel etwas im Norden von Westerland. Wäre das Ihnen auch nicht zu weit?

*AM:* Wie komme ich dorthin?

*Frau:* Man kann entweder mit dem Bus fahren, oder zu Fuß wären es von hier etwa zehn Minuten.

*AM:* Ah, das ist nicht schlimm. Ja, gut, das geht.

*Frau:* Ja, wenn das von Interesse wäre, dann würde ich jetzt den Gastgeber anrufen, fragen, ob das Zimmer noch frei ist, und Sie würden dorthingehen.

*AM:* Prima. Gut, danke.

*Frau:* Bitte.

> **der Zimmernachweis** tourist accommodation service
> **die Vorstellung (-en)** idea
> **wie wäre es . . .** how about . . .

**II**

*Frau:* Ja, also das Zimmer ist noch frei. Ich bekäme jetzt DM 5,00 Anzahlung. Sie gehen dorthin. Wenn Ihnen das Zimmer gefällt, werden die DM 5,00 im Hause wieder erstattet.

*AM:* Ah so, ja. Gut, danke. Mach' ich.

*Frau:* Auf Wiedersehen.

*AM:* Auf Wiedersehen.

> **die Anzahlung (-en)** deposit
> **erstattet** refunded

 2 Sehenswürdigkeiten, Aktivitäten

**I**

*AM:* Guten Tag.

*Mann:* Guten Tag.

*AM:* Kann ich von Ihnen einen Stadtplan bekommen?

*Mann:* Sicherlich. In welcher Sprache, bitte?

*AM:* In Englisch, bitte.

*Mann:* Ja, hab' ich auch da. Hier.

*AM:* Was kostet der?

*Mann:* Der ist kostenlos.

*AM:* Schön. Zeigt der Plan die Sehenswürdigkeiten der Stadt?

*Mann:* Ja, sehr genau sogar. Hier sehen Sie zum Beispiel ein altes Rathaus. Hier die Altstadt. Die ist allerdings nur noch sehr klein. Im Krieg ist sehr viel zerstört worden. Hier haben wir den Zoo, mit einer großen Stadthalle. Und hier unten befindet sich noch ein sehr großer See. Der ist künstlich. Und hier befindet sich zum Beispiel ein großer Barockgarten. Der ist zirka dreihundert Jahre alt.

> **die Sehenswürdigkeiten** the sights
> **die Altstadt** old part of town
> **allerdings** however
> **zerstört** destroyed
> **die Stadthalle** civic hall
> **künstlich** artificial
> **der Barockgarten** Baroque garden

**II**

*AM:* Gut. Kann man in dem See baden?

*Mann:* In dem See kann man baden. Der ist im Sommer ungefähr 26 Grad warm. Und nur zwei Meter tief.

*AM:* Kann man auch segeln?

*Mann:* Es gibt mehrere Yachtklubs an diesem See, und jeder kann sich ein Segelboot mieten.

*AM:* Gibt es einen schönen Picknickplatz hier in der Nähe?

*Mann:* Ja, zum Beispiel schauen Sie hier. Das ist ein sehr, sehr großer Stadtwald. Der größte Stadtwald Europas. Und da gibt es ganz viele Plätze, wo man also Picknick machen kann.

*AM:* Kann man eine Stadtrundfahrt machen?

*Mann:* Ja, sicherlich. Es wären mehrmals am Tag Stadtrundfahrten angeboten. Und die Karten würden Sie am Hauptbahnhof bekommen.

**segeln** to sail
**die Stadtrundfahrt (-en)** guided tour
**mehrmals am Tag** several times a day
**angeboten** on offer

## A Comprehension check

1 Listen again and explain to a friend about finding accommodation on Sylt:

   **I** Bed and Breakfast prices start at around DM ...
For instance in the ... part of Westerland. You can go there by ... or on ... If you want the room, the girl will ...

   **II** You pay ... deposit in advance, which is refunded at the ...

2 Listen again and answer your friend's questions, giving as much detail as you can.

   **I** How much does a map of the town cost? What sights are there?

   **II** what is the lake like?
What is there to do there?
Where could we go for a picnic?

## B Find the equivalents:

1 Listen to the passages again and find the German equivalent of:

   **I a** Do you arrange accommodation?
     **b** What did you want to pay?
     **c** I don't want to pay too much.
     **d** How do I get there?

   **II a** The room is still available.
     **b** If you like the room.

2 Listen again and find the German used for:

   **I a** In which language?
     **b** It's free.

   **II a** Can you bathe in the lake?
     **b** Is there a nice picnic spot near here?

## C Kann ich von Ihnen einen Stadtplan bekommen?

Listen again and in the same way take turns at asking for various items.

The listener responds appropriately, for example:

| |
|---|
| **1** Eine Deutschlandkarte? |
| **2** Oder soll sie von dieser Gegend sein? |
| **3** Weiß oder farbig? |
| **4** Gerne. Einen blauen oder einen schwarzen? |
| **5** Sicherlich. In Englisch oder Deutsch? |

## D Gibt es einen schönen Picknickplatz hier in der Nähe?

1 Match the symbols to the words in the list.

2 Work on this exercise with a partner: *A* has arrived on the island of Sylt, and wants to know where everything is! *B* works at the tourist information office and consults the map below to give the correct information:

**Die nächste Telefonzelle ist hier neben dem Taxistand.**

Take turns at asking the questions and be careful with endings – **einen/eine/ein**).

| | | | |
|---|---|---|---|
| **1** | Badestrand (*m*) | **7** | Bushaltestelle (*f*) |
| **2** | Trimm-Pfad (*n*) | **8** | öffentliche |
| **3** | Taxistand (*m*) | | Toiletten (*f pl*) |
| **4** | Radfahrweg (*m*) | **9** | Wellenbad (*n*) |
| **5** | Rettungsstand (*m*) | **10** | Restaurant (*n*) |
| **6** | Parkplatz (*m*) | **11** | Telefonzelle (*f*) |
| | | **12** | Bahnhof (*m*) |

| | | | | | |
|---|---|---|---|---|---|
| a | 🚂 | e | WC | i | → |
| b | P | f | TAXI | j | ✕ |
| c | ☎ | g | 〰 | k | 🌊 |
| d | ✚ | h | +-+-+ | l | (H) |

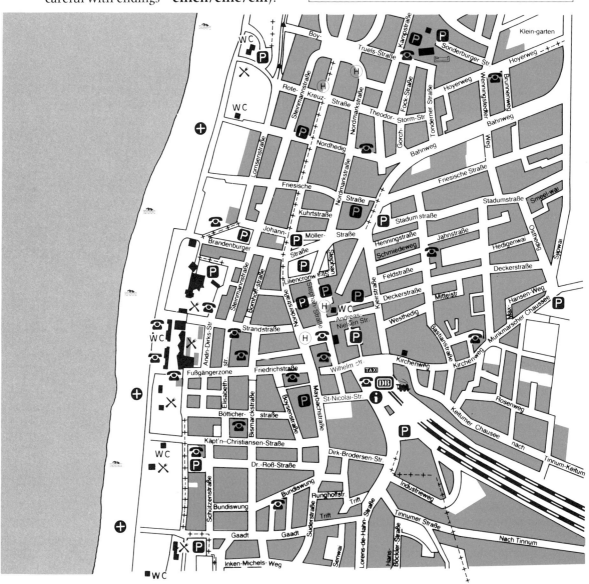

50

# Role play

Act out these situations with your partner, swapping roles.
(A = Tourist, B = Receptionist at Tourist Information)

## 1 Die Zimmervermittlung

*A:* (Say you want bed and breakfast for yourself this evening.)

*B:* Ja, der Preis ist bei DM 40,00 ungefähr.

*A:* (That's not bad. It will do.)

*B:* Mmm, ja. Es wäre frei.

*A:* (Ask if the room has a shower.)

*B:* Nein, es ist nur mit Waschgelegenheit. Eh, Dusche ist eh, Etagendusche.

*A:* (Say that's OK.)

*B:* Ja, ist in Ordnung. Bitte sehr. Ich bekomme DM 3,00 Vermittlungsgebühr.

*A:* (Respond appropriately. Ask how you get there.)

*B:* Ich zeige es Ihnen auf dem Stadtplan. Sie gehen geradeaus durch die Halle, nach links Joachimstraße. Und dort ist es Joachimstraße Nummer zwei.

*A:* (Ask if you need to show your passport.)

*B:* Nein, das ist so in Ordnung. Ein weißer Bogen ist für Sie. Der andere ist für's Hotel.

*A:* (Respond politely.)

## 2 Welche Sehenswürdigkeiten?

*A:* (Ask what you can see in the town.)

*B:* Ja, zunächst mal können Sie bei uns den Strand sehen. Hier in Westerland haben wir dann noch zwei Kirchen. Sie können sich ein Fahrrad leihen. Was interessiert Sie denn besonders?

*A:* (Say you like sailing.)

*B:* Segeln kann man auch. Da haben wir einen Segelhafen in Munckmarsch. Dort kann man Kurse machen und auch Boote mieten.

*A:* (Ask if there's any horse-riding.)

*B:* Reiten haben wir auch zahlreiche Möglichkeiten hier auf der Insel. Besonders im Ostteil gibt es mehrere Reitställe.

*A:* (Ask if there's a youth hostel nearby.)

*B:* Jugendherbergen haben wir auf der Insel zwei Stück. Eine ganz im Norden, eine ganz im Süden.

*A:* (Do they provide meals at the youth hostel?)

*B:* Das kann ich Ihnen leider nicht sagen. Da könnt' ich Ihnen nur die Anschriften geben und Sie müßten dort direkt fragen.

*A:* (Respond appropriately.)

*B:* Mmm. Bitte. Schreib' ich Ihnen hier auf.

*A:* (Respond politely.)

*B:* Bitte sehr.

**3** You have been leafing through brochures showing the island of Sylt, and persuade your parents to go there for a holiday! Complete the form below to suit your requirements:
(Use a dictionary for any words you don't understand or can't guess – or ask your teacher. *Don't* send off the form, unless you want to commit yourself and can pay for the accommodation – this exercise is just for fun!)

| An die |
| --- |
| Fremden-Verkehrs-Zentrale |
| Postfach 1226 |
| **2280 Westerland / Sylt** |

Auftrag für eine **Zimmerreservierung (Z)**

| für | Erwachsene und | Kinder im Alter von | Jahren |
| --- | --- | --- | --- |
| | Einbettzimmer | Zweibettzimmer | Dreibettzimmer |

Gruppe :      evtl. auch Gruppe :

Ankunftstag :      Abreisetag :

**Vermittlungsauftrag** für ein **Ferienhaus** / eine **Ferienwohnung (F)**

für    Erwachsene und    Kinder im Alter von    Jahren

Ferienhaus / Ferienwohnung Gruppe :

Mietpreis bis ca. _____ DM pro Woche

Ankunftstag :      Abreisetag :

Es ist möglich / nicht möglich, den Aufenthalt einige Tage später / früher zu legen.
Anreise mit Pkw / Bahn / Flugzeug / Schiff

Bemerkung :

| Datum | Unterschrift |
| --- | --- |

| Name | Vorname |
| --- | --- |
| Straße Nr | Vorwahl / Telefon |
| PLZ    Ort | |

# 12 Campingplatz, Jugendherberge...

 ## 1 Haus der Naturfreunde

**I**

AM: Guten Tag.

Rezeption: Guten Tag.

AM: Ich wollte mich erkundigen, ob Sie ein Einbettzimmer frei haben?

Rezeption: Für heute nacht haben wir kein Einbettzimmer mehr. Aber ich könnte Ihnen einen Platz in einem Doppelzimmer anbieten.

AM: In einem Doppelzimmer, ja. Was würde das kosten?

Rezeption: Das würde kosten DM 22,50 plus DM 8,00 Zuschlag.

AM: Ist das Frühstück inbegriffen?

Rezeption: Ja.

AM: Em, könnte ich das Zimmer für eine Woche haben?

Rezeption: Da müßte ich mal nachsehen. Kleinen Moment. Eh, könnten Sie mir einen genauen Termin sagen?

AM: Ja, also bis nächsten Freitag.

Rezeption: Mmm ... Ja, wäre möglich.

AM: Gut. Dann nehme ich das Zimmer.

Rezeption: Ja. Sie müßten das jetzt bei mir fest buchen. Ansonsten kann Ihnen passieren, daß das Zimmer weg ist, wenn Sie kommen.

AM: Dann trage ich mich jetzt ein.

Rezeption: Ja.

> **sich erkundigen** to find out
> **anbieten** to offer
> **der Zuschlag** supplement
> **inbegriffen** included
> **der Termin (-e)** date
> **möglich** possible
> **fest buchen** to make a firm booking
> **ansonsten** otherwise

**II**

AM: Können Sie mir helfen?

Rezeption: Ja. So. Würden Sie mir bitte dann Ihren Personalausweis geben? Oder ein Passport*?

AM: Ja. Also hier ist mein Reisepaß.

Rezeption: Mmm. Dann will ich die Nummer mal eintragen ... So. Sagen Sie mir dann bitte noch mal Ihren Namen.

AM: Mitchell. Soll ich buchstabieren?

Rezeption: Ja, bitte.

AM: M i t c h e l l. Und Vorname ...

Rezeption: Vorname ...

AM: Alice. Also: A l i c e.

Rezeption: Ja. Eh, wohnen – England?

AM: Ich wohne in England, ja. Soll ich Ihnen die Adresse aufschreiben?

Rezeption: Ja, können Sie machen.

AM: Gut. Bitte.

> **sich eintragen** to sign in
> **der Personalausweis (-e)** identity card
> **der Reisepaß ("-e)** passport
> **buchstabieren** to spell out

**III**

AM: Muß ich das gleich bezahlen?

Rezeption: Das wäre nett, wenn Sie das machen würden.

AM: Em kann ich das mit einem Euroscheck bezahlen, oder haben Sie lieber Bargeld?

Rezeption: Also wir haben lieber Bargeld.

AM: Ist gut. Ja, also was macht das jetzt, bitte?

Rezeption: Einen Moment. Das wären dann DM 180,00 für eine Woche.

AM: Gut. Also bitte schön: hundert, hundertfünfzig, hundertachtzig.

Rezeption: Danke. So, ich gebe Ihnen dann hier Ihren Zimmerschlüssel. Sie bekommen bei mir Zimmer 8.

AM: Gut, danke.

Rezeption: Dieser Schlüssel paßt auch für die Eingangstür, falls die abends zu ist.

AM: Ah so, gut. Danke.

Rezeption: Toiletten und Duschen sind jeweils auf der Etage.

AM: Ja. Wann machen Sie abends zu?

*The receptionist is using English here.

| | |
|---|---|
| *Rezeption:* | Nein, Sie können hier kommen, wann Sie wollen. Ich sagte ja eben gerade, Sie können – Ihr Zimmerschlüssel paßt auch für die Eingangstür. |
| *AM:* | Ah, so. Ja. Ja. |
| *Rezeption:* | Und Frühstück findet in diesem Gebäude statt. |
| *AM:* | Ja, gut. |

**die Eingangstür (-en)** front door
**stattfinden** to take place

##  2 Am Campingplatz

| | |
|---|---|
| *AM:* | Guten Tag. |
| *Rezeption:* | Guten Tag. |
| *AM:* | Haben Sie noch etwas frei heute? |
| *Rezeption:* | Auf dem Campingplatz, ja. |
| *AM:* | Gut, ich habe ein Zelt und ein Auto. |
| *Rezeption:* | Das Auto stellen Sie links von der Jugendherberge ab und Sie gehen Richtung Maschsee zum Campingplatz mit Ihrem Zelt. |
| *AM:* | Gut. Ich muß das Zelt hintragen? |
| *Rezeption:* | Ja. Das müßten Sie machen. |
| *AM:* | OK. Em, muß ich mich jetzt bei Ihnen eintragen? |
| *Rezeption:* | Ja. Sie tragen sich bitte hier ein. Ich gebe Ihnen den Meldeschein. Da füllen Sie alles aus. |
| *AM:* | Schön. Kann ich hier Lebensmittel einkaufen? |
| *Rezeption:* | Eh, nicht in der Jugendherberge. Sie müßten die erste Brücke links überqueren, und hinter der Brücke links, etwa zweihundert Meter hinter der Bahnbrücke, dort ist ein Lebensmittelgeschäft. |

**das Zelt (-e)** tent
**das Auto abstellen** to park the car
**die Jugendherberge (-n)** youth hostel
**der Meldeschein (-e)** registration form
**Lebensmittel (*pl*)** groceries
**überqueren** to cross

## A Comprehension check

**1** Sue arrives at reception. She's American and doesn't understand much German. Help her out! Listen again, then answer the questions:

**I a** What sort of accommodation is available?
**b** What would this cost per night?
**c** What does the price include?

**II a** Does the receptionist need to see any documents?
**b** What should I enter on the checking in form?

**III a** When does she want me to pay?
**b** What about shower facilities?
**c** Where do they serve breakfast?

**2** Sue's friend leaves a note for her at reception. But has he understood everything properly? Listen again, then give the correct information:

> There's plenty of room at the youth hostel or you can stay at the camp site. You can leave the car to the right of the hostel, but you'll have to carry the tent to the camp site if you stay there. The site is in the same direction as the lake – it's quite all right for swimming, by the way. You'll have to sign in – the receptionist will fill in the form for you. The youth hostel sells groceries if you need any, and there's a railway station just over the bridge.

## B Equivalents

Listen to passage 1 and find the German equivalent of:

**I a** What would that cost?
**b** Yes, it would be possible.

**II a** Then I'll check in now.

**III a** Can you help me?
**b** Shall I spell it?
**c** I'm giving you room eight.

## C Match this!

Can you match the symbols to the correct descriptions?

1 Minigolf
2 Waschmaschine
3 Segelbootverleih
4 Freibad
5 Campinggasverkauf
6 Warmduschen
7 Grillplatz
8 Lebensmittelgeschäft
9 Stellplätze für Zelte
10 Stellplätze für Wohnwagen/ Wohnmobile
11 Restaurant
12 Fertiggerichte zum mitnehmen
13 Lunchpakete
14 Stromanschluß für Wohnwagen
15 Lagerfeuer
16 Kinderspielplatz

**D** *A* consults the brochure for the campsite at Schliersee, (below), *B* refers to the one for Frauenau (page 55). Find out from each other about facilities and prices at the other campsite, noting down information given/ received.

# Ferienplatz Schliersee

**Preisliste:**

| | |
|---|---|
| Erwachsene . . . . . . . . | 7,30 DM |
| Kinder (2 bis 14 Jahre) . . . . | 6,00 DM |
| Zelt . . . . . . . . . . | 10,00 DM |
| Wohnwagen . . . . . . . | 12,00 DM |
| Wohnmobil . . . . . . . . | 12,00 DM |
| Stromanschluß . . . . . . . | 3,00 DM |

## E Kann ich hier Lebensmittel einkaufen?

Listen again to the question, then continue asking your partner about the other campsite:

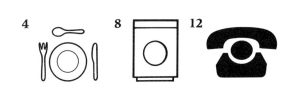

## Role play

**1 Der Anruf**

Act out the following situations with a partner, swapping roles.
Telephoning a youth guest house:
(*A* = Caller, *B* = Receptionist.)

*A:* (Say hello. Ask if there is a bed free and how much it costs.)

*B:* Ja, ich weiß jetzt gar nicht . . . mit wem spreche ich?

*A:* (Respond appropriately.)

*B:* Also: bei Doppelbelegung pro Person DM 22,50. Das Einzelzimmer DM 30,50.

*A:* (Ask if that is for a room without a shower.)

*B:* Ja, genau. Duschen, Toiletten jeweils auf der Etage.

*A:* (Ask if the price includes breakfast.)

*B:* Das . . . das Frühstück ist drin.

*A:* (Respond appropriately.)

*B:* Ja. Bei uns müssen allerdings die Gäste ihr Bett selbst abziehen und den Frühstückstisch abräumen.

*A:* (Thank her, wish her a nice afternoon and say good-bye – remember this is a telephone conversation!)

*B:* Ja. Wünsch' ich Ihnen auch. Wiederhören!

**2 Noch etwas frei?**

Checking in at a campsite:
*A* = Camper, *B* = Receptionist (Swap roles.)

*A:* (Say hello, and ask if there is any room.)

*B:* Guten Tag. Ja, natürlich. Haben Sie ein Zelt oder ein Wohnwagen?

*A:* (Say you've a car and one tent.)

*B:* Das geht in Ordnung. Hier ist das Anmeldeformular.

*A:* (DM . . .?)

*B:* Die Zelterübernachtung kostet DM 5,00. Für das Auto nehmen wir kein Geld.

*A:* (Ask if they need your passport.)

*B:* Nein, ich brauche den Ausweis des deutschen Jugendherbergswerks.

*A:* (Respond appropriately. Is there a washing machine?)

*B:* Wir haben auch eine Waschmaschine. Die Benutzung kostet DM 4,50.

*A:* (Ask if there are shower rooms.)

*B:* Die Duschräume für die Zelter sind hier geradeaus unten im Keller.

*A:* (Ask if camp fires are allowed.)

*B:* Ein Lagerfeuer zu machen ist nicht erlaubt. Der Grillplatz ist direkt hinter der Jugendherberge. Nicht weit vom Zeltplatz.

*A:* (Respond appropriately and say good-bye.)

*B:* Tschüß!

*A:* (Respond appropriately.)

**3** You are staying at a youth hostel in Hannover for a few days. Write a postcard to your German pen-friend saying what good value you think it is. There are shower rooms, a washing machine and the price also includes breakfast and a packed lunch. Say what else you like/don't like about it.

**Campingplatz Frauenau**

**Preisliste:**

| | |
|---|---|
| Erwachsene | 6,50 DM |
| Kinder (2 bis 14 Jahre) | 5,00 DM |
| Zelt | 8,00 DM |
| Wohnwagen | 8,00 DM |
| Wohnmobil | 8,00 DM |
| Auto | 5,00 DM |
| Stromanschluß | 2,00 DM |

# 13 Bist du im Urlaub hier?

## 1 Irgendwohin, wo es warm ist!

*Sanne:* Wie lange habt ihr in Deutschland Ferien?
*Robert:* Ungefähr sechs Wochen.
*Sanne:* Wo fährst du meistens in Urlaub hin?
*Robert:* Irgendwohin, wo es warm ist!
*Sanne:* Warst du auch schon mal in England?
*Robert:* Nein, noch nie.
*Sanne:* Und wo warst du letztes Jahr?
*Robert:* Surfen, in Hannover.
*Sanne:* Warst du da alleine oder mit deinen Eltern?
*Robert:* Allein. Meine Eltern fuhren woanders hin.
*Sanne:* Und wo hast du da gewohnt?
*Robert:* In einer Jugendherberge.
*Sanne:* Hat es dir denn gefallen?
*Robert:* Ja, aber der Wind war zu stark.
*Sanne:* Wie lange bist du dort geblieben?
*Robert:* Zwei Wochen lang.
*Sanne:* Und was möchtest du dieses Jahr machen?
*Robert:* Ich weiß noch nicht genau. Vielleicht flieg' ich mal nach Griechenland.
*Sanne:* Was willst du denn da machen?
*Robert:* Wahrscheinlich meine Surfkenntnisse erweitern.
*Sanne:* Bist du gerne auf dem Land oder lieber irgendwo am Seestrand?
*Robert:* An einem Seestrand natürlich!

**ungefähr** around
**irgendwohin** to somewhere, anywhere
**surfen** to go windsurfing
**woanders** somewhere else

## 2 Warst du schon mal in Italien?

### I

*Sabine:* Bist du im Urlaub hier?
*Jacqueline:* Ja.
*Sabine:* Von wo kommst du denn?
*Jacqueline:* Aus Berlin. Ich mache hier einen Surfkurs.

*Sabine:* Und macht das Spaß?
*Jacqueline:* Ja, aber es ist ein bißchen kalt!
*Margit:* Das kann ja noch wärmer werden. Und was machst du?
*Sabine:* Ja, ich bin nur auf der Durchreise hier. Ich will oben an die See. Aber so schön wie letztes Jahr in Italien wird es dort wohl nicht werden.
*Margit:* Wo warst du denn in Italien?
*Sabine:* Ich war an der Riviera. Da sind die Temperaturen um einiges höher, als hier in Deutschland.
*Margit:* Das kann ich mir vorstellen.
*Sabine:* Warst du schon mal in Italien?
*Margit:* Ja, auch letztes Jahr. Aber ich war in der Toskana.

**der Kurs (-e)** course
**auf der Durchreise** passing through
**um einiges höher** a lot higher
**sich vorstellen** to imagine

### II

*Margit:* Und du?
*Jacqueline:* Nee, ich war noch nie in Italien. Ich war nur ganz oft in Dänemark bis jetzt.
*Sabine:* Und wo warst du dort in Dänemark?
*Jacqueline:* Eh, meistens Ostseeseite. Und einmal, als ich ganz klein noch war, auf der Nordseeseite. Und da hab' ich letztes Jahr auch zum erstenmal so gesehen, wie man surft und so. Deswegen wollt' ich das jetzt unbedingt lernen.
*Margit:* Und wie war das Wetter dort?
*Jacqueline:* Sehr schön. Viel viel schöner, als hier. Wir hatten drei Wochen nur Sonnenschein. Waren jeden Tag am Strand. Wir haben uns gesonnt. War ganz toll.
*Sabine:* Kannst du auch Dänisch?
*Jacqueline:* Nee. Ganz, ganz bißchen nur. Also so 'Danke' und 'Guten Tag' und so. Mehr nicht.

| | |
|---|---|
| *Sabine:* | Und wie ist es da mit der Verständigung? |
| *Jacqueline:* | Eh, die Dänen können sehr viel Deutsch. Also da gibt's keine großen Probleme. Und sonst verständigt man sich eben mit Händen und Füßen. |
| *Margit:* | Und wie ist es mit Englisch? |
| *Jacqueline:* | Ja, wenn du kannst! |

**die Ostsee** the Baltic
**deswegen** that's why
**unbedingt** definitely (emphatic)
**die Verständigung** communication

## A Comprehension check

1 Help Robert write to an English friend. Listen again, then rewrite the letter extract below, filling the gaps:

> ... We have around (how long?) summer holiday and I mostly go (where?). (When?) I was in Hannover, where I (did what?). My parents (did what?). I stayed (where?) for (how long?). It was great, except that (what?). This year I might (do what?) so that I can (do what?). Holidays (where?) are best!

2 You are staying at the same guest house as the girls. Also with you is your German aunt, who is hard of hearing, but very inquisitive! Tell her all she wants to know!

**I**
a Wo kommt Jacqueline her?
b Was macht sie hier?
c Macht es ihr Spaß?
d Was macht denn Margit?
e Und Sabine? Wo möchte sie jetzt hin?
f Wo war sie letztes Jahr?
g Ist das Wetter dort anders als in Deutschland?
h Und was machte Margit letztes Jahr?

**II**
a Und Jacqueline? Was macht sie meistens?
b Was gibt es dort zu sehen?
c Wie war das Wetter dort?
d Was hat sie alles gemacht?
e Kann sie Dänisch?
f Wie war's denn mit der Verständigung?
g Kann Jacqueline Englisch überhaupt?

## B Warst du schon mal in Italien?

Nee, ich war noch nie in Italien.
Ich war nur ganz oft in Dänemark bis jetzt.

Listen again, then with a partner talk about visiting the countries below:

The listener responds appropriately:
**Wo warst du dort in Dänemark?**
(Perhaps it was: Ostseite/im Osten; Westseite/im Westen; im Norden, im Süden)

**C Und wo hast du gewohnt?**

*In einer Jugendherberge.*

**Wie lange bist du dort geblieben?**

*Zwei Wochen lang.*

Practise asking where and how long you stayed:

| Wo | hast habt haben | du ihr Sie | gewohnt? |
|----|-----------------|------------|----------|

| In einem In einer Auf einem Bei |
|---------------------------------|

| Wie lange | bist seid sind | du ihr Sie | dort | geblieben? |
|-----------|----------------|------------|------|-----------|

| Einen Eine Vierzehn | Tag (e) Woche (n) |
|---------------------|-------------------|

**D** You and a friend have been looking at holiday brochures and both want to visit Germany this year.

*A* is interested in **Schönthal** (see below), where *B* went last time and so has a good idea what it's like (see page 59). *A* must find out from *B* if the advertisement below gives a true picture of the resort!

*A*

## Role-play

Act out these conversations about holidays with your partner. (Swap roles.)

**1** *Thorsten:* Warst du schon in Deutschland?
*You:* (Say yes and say when it was.)
*Thorsten:* War der Flug teuer?
*You:* (Say you went by train and boat.)
*Thorsten:* Wo hast du gewohnt?
*You:* (Tell him.)
*Thorsten:* Wie lange warst du in Frankfurt?
*You:* (Say you were there for a week and in the Black Forest – im Schwarzwald – for two weeks.)
*Thorsten:* Fährst du mal wieder nach Deutschland?
*You:* (Respond appropriately.)

**2** *You:* (Ask Thorsten if he is going away this summer.)
*Thorsten:* Ja, ich werde nach England fahren.
*You:* (Ask him where he will be staying.)
*Thorsten:* Ich verbringe eine Woche bei meiner Brieffreundin in Leicester. Und dann fahr' ich nach London.
*You:* (Ask him when he will be in London.)
*Thorsten:* Vom vierundzwanzigsten Juni bis zum Monatsende.

*You:* (Say you will be in London then, too.)
*Thorsten:* Was machst du dort?
*You:* (Say you'll be looking at the sights.)
*Thorsten:* Wir könnten uns vielleicht treffen und zusammen anschauen.
*You:* (Respond appropriately.)

**3** Talk about the last holidays with a partner. Use questions from the previous exercises, plus any of your own and find out as much as you can from each other:
**Wo? Wann? Wie lange? Wie war es? Was hast du gemacht? Wo bist du am liebsten?**

> Hallo! Bin seit einer Woche mit den Eltern hier am Chiemsee. Mir geht's gut! Nur Sonne, und jeden Tag auf dem Wasser! Vati hat ein Segelboot gemietet – das macht unendlich Spaß! Wir wohnen in einer Ferienwohnung – einfach, aber preiswert. Hast Du nicht Lust, nächstes Jahr mitzukommen? Hier ist viel los: Segeln, Seefeste – und eine tolle Diskothek!
>
> Schönen Gruß, Wolfgang

**4** Read the postcard above, jotting down phrases you think might be useful. Then write a suitable reply in German, describing how you spent/are spending **die großen Ferien**, and what you will do next year.

*B*

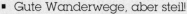

## Schönthal

- Gute Wanderwege, aber steil!
- Manchmal Gewitter.
- Preiswerte Gasthäuser.

- Essen gut - nur zu viel!
- Meist Familien mit Kindern.
- Volksmusik, keine Disko.

# 14 Tourismus

 ## 1 Anders! Auf jeden Fall!

**I**

(Julia works at the Tourist Information Centre on the island of Sylt)

*AM:* Wie lange arbeiten Sie hier?

*Julia:* Ich arbeite hier jetzt schon seit drei Jahren.

*AM:* Welche Fremdsprachen sprechen Sie?

*Julia:* Englisch, Französisch und ein bißchen Spanisch.

*AM:* Gut! Toll! Interessieren Sie sich besonders für Sprachen?

*Julia:* Ja. Ich reise auch viel. Ich arbeite hier nur im Sommer, für sechs Monate. Und im Winter fahr' ich dann nach Frankreich, Spanien, dieses Jahr nach Marokko.

*AM:* Sie waren also letztes Jahr in Frankreich?

*Julia:* Ja, ich bin mit meinem Bekannten, mit dem Reisemobil (also mit dem Wohnmobil) gefahren. Wir haben in Frankreich, Spanien Urlaub gemacht und sind auch dann nach Marokko weitergefahren.

*AM:* Schön. Können Sie uns ein bißchen drüber was erzählen? Wie war's in Marokko?

*Julia:* In Morokko – es war sehr schön. Es ist eine ganz andere Art zu leben. Die Leute sind arm aber sehr freundlich. Wir haben sehr viele Menschen kennengelernt. Sind eingeladen worden zu marokkanischen Familien, zum Essen.

**die Fremdsprache (-n)** foreign language
**der/die Bekannte (-n)** friend
**das Reisemobil/Wohnmobil (-s)** camper
**weiter** further
**erzählen** to tell
**eine Art zu leben** a way of life

**II**

*AM:* Wie ist das Essen dort in Marokko?

*Julia:* Anders! Auf jeden Fall! Also, es ist . . . vieles schmeckt sehr gut. Es wird sehr viel mit frischem Gemüse, frischem Fleisch – sehr natürlich gekocht. Aber Couscous zum Beispiel, Nationalgericht in Marokko, das war gar nicht mein Geschmack.

*AM:* Ah ha. Was ißt man hier auf Sylt? Also was ist eine Spezialität auf Sylt? Was kann man hier auf Urlaub essen?

*Julia:* Ja wenn man hier in Urlaub ist, ißt man in erster Linie Fisch, weil hier am Meer ist das natürlich die große Spezialität überhaupt.

*AM:* Was für Fisch?

*Julia:* Scholle, Makrele – alles was hier so vorkommt.

*AM:* Ja. Und em, was kann man also dazu trinken?

*Julia:* Trinken? Getrunken wird wie überall in Deutschland am liebsten Bier.

*AM:* Ist es wirklich wahr?

*Julia:* Ja. Würd' ich sagen. Es ist, wenn man das beobachtet, die meisten Leute sind doch wirkliche Biertrinker. Bei anderen Essen, bei feierlicheren Sachen, dann auch gern Wein.

*AM:* Also Marokko hört sich wirklich gut an. Und Sie fahren noch einmal hin?

*Julia:* Ja. Es hat mir so gut gefallen, und ich kenne jetzt schon so viele Leute, daß ich dieses Jahr wieder hinfahr'.

*AM:* Fahren Sie wieder mit Freunden?

*Julia:* Ja. Diesmal mit einer Freundin zusammen. Ich kauf' mir selbst ein Wohnmobil jetzt im Herbst und dann geht es los.

*AM:* Ja, Sie haben ein schönes Leben ausgesucht.

*Julia:* Das find' ich auch. So lang' ich keine Familie hab' mit Kind und Mann, kann ich ja das auch machen!

*AM:* Gut, danke!

*Julia:* Bitte sehr.

**schmecken** to taste
**das Gericht (-e)** dish
**gar nicht** not at all
**der Geschmack** taste, flavour
**die Spezialität (-en)** speciality
**die Scholle (-n)** plaice
**die Makrele (-n)** mackerel
**überall** everywhere
**wirklich wahr** really true
**feierlich** ceremonial
**aussuchen** to choose

## 2 Ich bin gemischter Herkunft

Kim has an interesting background.

*Martina:* Wie heißt du?
*Kim:* Ich heiße Kim Lindemann.
*Martina:* Wie bitte?
*Kim:* Kim Lindemann.
*Martina:* Welche Staatsangehörigkeit hast du?
*Kim:* Ich bin Deutscher.
*Martina:* So siehst du aber nicht aus.
*Kim:* Ich bin ja auch in Korea geboren.
*Martina:* Hast du lange dort gewohnt?
*Kim:* Fünf Jahre. Meine Mutter ist aus Korea. Und mein Vater ist Deutscher. Ich bin also gemischter Herkunft.
*Martina:* Und wo wohnst du nun?
*Kim:* In Münster.
*Martina:* Lebst du dort gerne?
*Kim:* Es ist eine schöne Stadt, die aber nicht sehr groß ist. Besonders gefällt mir unser großes Freibad. Was mir nicht so gut gefällt ist, daß man dort nicht sehr gut einkaufen kann.
*Martina:* Was würdest du einem Brieffreund zeigen, wenn er dich besuchen würde?
*Kim:* Wir würden die Sehenswürdigkeiten der Stadt besuchen und die Fußgängerzone angucken. Dort sind viele Straßenmusikanten. Aber wir würden nicht nur in der Innenstadt bleiben. Ich würde mit ihm in andere Städte fahren, damit er sieht, wie man in Deutschland lebt. Wir könnten auch ins Umland fahren, um die Landschaften anzusehen. Ihm würde es schon gefallen. Und außerdem würde ich mit ihm viel Deutsch sprechen. So könnte er am besten Deutsch lernen.

**Wie bitte?** pardon?
**die Staatsangehörigkeit (-en)** nationality
**gemischter Herkunft** of mixed race
**das Freibad (¨er)** outdoor swimming pool
**die Sehenswürdigkeiten (*pl.*)** sights
**die Fußgängerzone (-n)** pedestrian precinct
**der Straßenmusikant (-en)** street musician
**damit** so that
**das Umland** surrounding countryside
**die Landschaft (-en)** countryside, landscape
**außerdem** besides

**A Comprehension check**
1 You meet Julia on holiday and mention her in a letter home. Listen again, then copy out and complete the passage below:

**I**
Julia has worked at the Tourist Information Centre for _____ She speaks three foreign languages: _____, _____ and _____. She likes _____ and only works in _____. The other six months she goes to _____ and Spain. _____ she went to Morocco. She and a friend travelled there in a _____. She thinks Morocco is _____.
**II**
Moroccan food is _____. A lot of it tastes _____. They use fresh _____ and _____. Food is cooked very _____.
Here on Sylt people mostly eat _____, because _____ Like most Germans they drink mainly _____, Julia says. She'll go back to Morocco _____, because _____ and _____. This time she's going with _____. She'll buy herself a _____ and then she's off! A nice life, and as long as she doesn't have _____, why not?

**2** Martina has been helping Kim compile this pen-friend advert. Did she listen to him properly, though? Listen again, then rewrite the ad for him, filling any gaps and underlining errors. If you can, correct the wrong statements.

---

Vorname:.....................................

Nachname:....................................

Staatsangehörigkeit:.........................

Geboren: 20.6.1970 in.......................

Wohnort: *Münster*

*Kim lebt gern in Münster. Es ist eine schöne, große Stadt. Ihm gefällt das große Hallenbad und das Einkaufszentrum. Einem Brieffreund würde er vieles zeigen: die Fußgängerzone, die Sehenswürdigkeiten der Stadt. Aber dann würde er nur ins Umland fahren, um die Landschaft anzusehen. Er würde mit ihm viel Englisch sprechen!*

---

**B Ich bin mit meinem Bekannten gefahren. Wir haben sehr viele Menschen kennengelernt.**

Listen again, then take turns at saying what you've seen and done on holiday! Use any ideas of your own to keep pace with your partner – see who lasts longest!

| Ich habe | sehr viel (e) | kennengelernt. |
|---|---|---|
| Wir haben | eine Menge | besichtigt. |
| | schöne | photographiert. |
| | interessante | gesehen. |
| | | besucht. |
| | | gegessen. |

| Ich | bin | sehr weit | gegangen/gefahren. |
|---|---|---|---|
| Wir | sind | überall | gewesen/gewandert. |
| | | sehr lange | geblieben. |
| | | sehr müde | geworden! |

## Role play

In Germany you'll often be asked where you come from, what your home-town is like, and so on. Practise these conversations with your partner:

**1 Sind Sie Deutsche(r)?**

*Jürgen:* Sind Sie Deutsche(r)?

*You:* (Tell him and say which town you come from, or is nearest to you.)

*Jürgen:* Die Stadt kenne ich nicht. Wo ist das ungefähr? Im Norden oder im Süden?

*You:* (Tell him.)

*Jürgen:* Ist das eine Großstadt?

*You:* (Tell him what kind of town it is.)

*Jürgen:* Leben Sie gern dort?

*You:* (Say that people are very friendly.)

*Jürgen:* Schön. Was kann man da alles machen?

*You:* (Tell him.)

*Jürgen:* Gibt es irgendwelche Sehenswürdigkeiten dort?

*You:* (Tell him.)

**2 Max**

*You:* (Ask where he comes from.)

*Max:* Ich wohne jetzt in Essen. Aber geboren bin ich in Hannover.

*You:* (Ask if he likes living there.)

*Max:* Es ist viel Verkehr. Aber sonst gefällt es mir ganz gut.

*You:* (Ask if it's a large/small/industrial town.)

*Max:* Essen ist eine Industriestadt.

*You:* (Show interest.)

*Max:* Dort gibt es viele Kinos, Diskos, Sportplätze, Schwimmbäder – einfach alles!

*You:* (Respond politely, then ask what he'd show a visitor.)

*Max:* Eine Menge. Wir könnten zum Beispiel ins Café gehen. Meine Freunde besuchen. Wir würden tanzen gehen. Spazieren gehen. Bei uns ist viel los. Oder wir machen was los!

*You:* (Respond appropriately.)

**3** Discuss with a partner:

   **a** the place where you live and what you like and dislike about it:

     **Besonders gefällt mir . . .**

     **Was mir nicht so gut gefällt . . .**

   **b** what a German visitor might like to do and see in the area:

     **Wir würden/könnten . . .**

     **Und außerdem würde/könnte ich . . .**

   **c** what food and drink specialities he/she might enjoy:

     **Was ißt man hier am besten?**

     **Was kann man auch dazu trinken?**

 **4** Study the brochure extract below. It's about Cologne, formerly Colonia, first recognised as a town by the Roman Empress Aggrippina.

   **a** Note any expressions you think might be useful in describing your own locality.

   **b** Together with four or five other classmates, draw up a similar advertising brochure for your area in German. Include any sketches or photographs and send copies to friends in Germany!

---

 So ist das in Köln. Man kommt hin, man ist da, man ist zu Hause. Kölner mögen andere Leute, auch wenn diese nicht Kölner sind. Und Köln ist eine Stadt, in der man sich gleich zurechtfindet. Vom Zentrum am Dom geht man auf Entdeckungsreise. Zum Beispiel zum Fußgängerparadies Hohe Straße, Schildergasse. Zur Altstadt. Zu den romanischen Kirchen. Zu den Museen.
Ein paar Tips: Der Dom ist natürlich ein Muß. Das Innere dieser Kathedrale, die riesige Höhe, die herrlichen Fenster, die Kunstschätze, den Dreikönigsschrein - das gibt es kein zweites Mal auf der Erde. Gleich neben der Kathedrale, im Römisch-Germanischen

Museum: Kölns 2000jährige Geschichte: Römischer Alltag, Mosaiken, Grabmäler, Vasen, Gläser.

In der Altstadt wird das 19. Jahrhundert lebendig: Alle zwanzig Meter eine neue, romantische Ecke zum Schauen, zum Fotografieren.

Majestätisch fließt der Rhein vorbei, viele weiße Schiffe darauf. Und dann die Parks: Berühmt ist der Rheinpark neben den Messehallen mit seinem Tanzbrunnen: Den ganzen Sommer über internationale Shows, Künstler, Orchester.

Köln ist Kunststadt mit neun städtischen und vielen privaten Museen, mit 60 Galerien, einer Kunsthalle, einem Opernhaus, einem Theater

Köln ist Messestadt mit internationalen Messen, und außerdem gibt es auch noch die großen Rundfunk- und Fernseheanstalten.

Machen Sie eine Stadtrundfahrt oder einen Stadtrundgang mit Führer vom Verkehrsamt aus. Dort gibt man Ihnen alle Informationen und Tips für Ihr KölnProgramm, hilft Ihnen bei der Zimmersuche, gibt Ihnen jede Auskunft.

Fühlen Sie sich zu Hause in Köln.
Wir helfen Ihnen dabei.

Ihr Verkehrsamt der Stadt Köln

# 15 Wie heißt du eigentlich?

 ## Jacqueline und Sabine

### I

*Jacqueline:* Hallo, hast du hier auch einen Kurs belegt?

*Sabine:* Nee, ich bin hier nur auf der Durchreise. Ich will weiter zur Nordsee.

*Jacqueline:* Ach so.

*Sabine:* Wie heißt du eigentlich?

*Jacqueline:* Ich heiß' Jacqueline. Und du?

*Sabine:* Ich heiß' Sabine. Und von wo kommst du?

*Jacqueline:* Aus Berlin. Warst du schon mal in Berlin?

*Sabine:* Nee. Aber ich würd' gern mal hinfahren.

*Jacqueline:* Wie alt bist du eigentlich?

*Sabine:* Ich bin neunzehn.

*Jacqueline:* Und hast du noch Geschwister?

*Sabine:* Ja, ich hab' noch 'ne jüngere Schwester. Die ist sechzehn.

*Jacqueline:* Und seid ihr zur selben Schule gegangen?

*Sabine:* Ja. Hast du noch Geschwister?

*Jacqueline:* Ja, ich hab' noch zwei Schwestern.

*Sabine:* Und wie alt sind die?

*Jacqueline:* Meine eine Schwester wird jetzt fünf Jahre, und meine andere Schwester ist zweiundzwanzig.

*Sabine:* Und was macht die ältere Schwester?

*Jacqueline:* Meine ältere Schwester studiert jetzt Pharmacie. Sie hat nach dem Abitur erst eine Ausbildung als Chemielaborantin gemacht.

*Sabine:* Und wie heißt deine Schwester?

*jacqueline:* Meine ältere Schwester heißt Carola, und meine jüngere Schwester heißt Sandra. Und die Sandra, also die jüngere Schwester, die kommt jetzt in die Vorschule.

*Sabine:* Und verstehst du dich gut mit deinen Schwestern?

*Jacqueline:* Ja. Sehr gut. Und kommst du mit deiner Schwester gut aus?

*Sabine:* Na ja ... wie man halt mit einer Sechzehnjährigen auskommen kann!

**einen Kurs belegen** to go on a course
**auf der Durchreise** just passing through
**eigentlich** by the way, actually
**die Ausbildung** training
**der/die Chemielaborant(in)** laboratory assistant
**die Vorschule** preparatory school
**mit (jemandem) auskommen** to get on with

### II

*Sabine:* Habt ihr eigentlich auch Haustiere?

*Jacqueline:* Ja, wir haben einen Hund. Einen Boxer.

*Sabine:* Und wie heißt der?

*Jacqueline:* Quito.

*Sabine:* Und wie alt ist der?

*Jacqueline:* Der ist acht – der wird jetzt acht Jahre. Der hat morgen Geburtstag! Und hast du ein Haustier?

*Sabine:* Ja, ich hab' auch einen Hund. Einen Cocker Spaniel.

*Jacqueline:* Und wie alt ist der?

*Sabine:* Mmm, der ist sechs Jahre. Er heißt Rocky.

*Jacqueline:* Mmm. Und wie alt wird er ungefähr?

*Sabine:* Ich hoffe, daß er sehr alt wird, weil ich ihn sehr sehr gerne hab'.

*Jacqueline:* Ja, Boxer werden nicht so sehr alt. Zehn Jahre werden die nur alt.

*Sabine:* Und da bist du wahrscheinlich sehr traurig, wenn er stirbt, oder?

*Jacqueline:* Ja. Ich und vor allem meine kleine Schwester wird dann sehr traurig sein, weil der Hund uns immer beschützt.

*Sabine:* Braucht sie also keine Angst zu haben?

*Jacqueline:* Nee!

**das Haustier (-e)** pet
**wahrscheinlich** probably
**traurig** sad
**sterben** to die
**beschützen** to protect, guard
**Angst haben** to be afraid

**III**

| | |
|---|---|
| *Jacqueline:* | Sagst du mir deine Adresse? Dann schreibe ich dir mal eine Karte aus Berlin. |
| *Sabine:* | Oh ja, das wäre nett. Ich wohne in der Lindenallee 12, in 34 Göttingen. |
| *Jacqueline:* | Gut. Willst du mir auch mal schreiben? |
| *Sabine:* | Ja, gerne. Sag doch mal deine Adresse! |
| *Jacqueline:* | Ich wohne in der Steinstraße 17, in Berlin 14. |
| *Sabine:* | Gut. Ich würd' mich sehr freuen, über eine Karte aus Berlin. |

**sich freuen über** + *acc.* to be pleased with, about

## A  Comprehension check

You've met Jacqueline and Sabine at a youth hostel in Hannover. Listen again, then tell a friend what you know about them. Mention:

**I**

a what they're doing here.
b what they each say about Berlin.
c their sisters: names, ages and what they do.

**II**

what they each say about their pets.

**III**

how Jacqueline proposes keeping in touch.

## B  Find the questions!

Here are some answers – what were the questions? Listen again:

**I**

a Ich heiße Jacqueline.
b Aus Berlin.
c Ich bin neunzehn.

d Ja, ich hab' noch 'ne jüngere Schwester.
e Meine ältere Schwester studiert jetzt Pharmacie.
f Ja, sehr gut.

**II**

a Ja, ich hab' auch einen Hund, einen Cocker Spaniel.
b Mm, der ist sechs Jahre.

**III**

a Oh ja. Das wäre nett!
b Ja, gerne. Sag doch mal deine Adresse!

## C  Equivalents

Listen to the passages again and find the German equivalent of:

**I**

a I'm just passing through.
b I'd like to go there, though.
c My older sister . . . my younger sister . . .
d Do you get on well with your sister?

**II**

a We have a dog.
b It's his birthday tomorrow!

**III**

a That would be nice.
b I'd be delighted.

## D  Braucht sie also keine Angst zu haben?

Germans sometimes use '*haben*' where we in English would *not* use '*to have*', e.g.

**Angst haben** (*vor* + *dat.*)
**Geburtstag haben**
(*etwas/jemanden*) **gern haben**

Listen again to the relevant passages on the tape, then:

1 complete the questions below:

a Wann . . . du  ?

b Hast du . . . vor . . .  ?

c . . . du die kleine  gern?

d Gehst . . . gern  ?

e Trinkst du . . .  ?

E  Decide who is partner *A* and who is partner *B*. Partner *A* looks at these advertisements for pen-friends (see below). Partner *B* does not look at their book.

*B* asks *A* about the people who wrote the ads., noting down the details given/received. Then swap roles. You can then decide which person you might like as a pen-friend!

Vorname: Ulrike
Nachname: Drebing
Alter: 17
Straße: Schloßallee 4
Stadt: D-3500 Kassel
Hobbys: Stricken, Lesen, Musik

neue Menschen kennenlernen.
Sternzeichen: Skorpion
Geschwister: Bruder, 4, Kindergarten
Haustiere: eine Katze (Mitzi, ganz lieb!)

Vorname: Volker
Nachname: Konrad
Alter: 16
Straße: Burgunderstr. 16
Stadt: D-2050 Hamburg 80
Hobbys: Jazz hören, Lesen, Tennis
Sternzeichen: Steinbock

Geschwister: Schwester, 18, Musikstudentin
Besonders erwünscht: Späterer Austausch mit Jungen (England)

Vorname: Jens
Nachname: Nolte
Alter: 15
Straße: Richard-Wagner-Str. 14a
Stadt: D-6200 Wiesbaden
Interessen: Computer,

Schwimmen
Geschwister: keine
Haustiere: Dackel (Waldi)
Bemerkung: Suche Brieffreund - späterer Austausch möglich

# HOROSKOP

**WIDDER**
21.3 - 20.4 : Heute läuft alles nach Ihren Wünschen.

**STIER**
21.4 - 20.5 : Bei den Finanzen wachsam sein.

**ZWILLINGE**
21.5 - 21.6 : Sie haben erhebliche Erfolge zu erwarten.

**KREBS**
22.6 - 22.7 : Sie sollten heute sachlich bleiben.

**LÖWE**
23.7 - 23.8 : Vergessen Sie, was hinter Ihnen liegt.

**JUNGFRAU**
24.8 - 23.9 : Sie müssen mit Zeit, Geld and Kräften sparen.

**WAAGE**
24.9 - 23.10 : Bauen Sie keine Luftschlösser.

**SKORPION**
24.10 - 22.11 : Man versucht, Sie hinters Licht zu fuhren.

**SCHÜTZE**
23.11 - 21.12 : Liebe laßt sich nicht erzwingen.

**STEINBOCK**
22.12 - 20.1 : Heute wird über Sie geklatscht.

**WASSERMAN**
21.1 - 19.2 : Sie mussen viel Charme entwickeln.

**FISCHE**
19.2 - 20.3 : Das wird ein turbulenter Tag.

## Role play

With a partner, act out these conversations in which you get to know each other. (Swap roles.)

**1  Wie heißt du?**

*A:* Wie heißt du eigentlich?

*B:* (Tell her.)

*A:* Und von wo kommst du?

*B:* (Tell her.)

*A:* Gehst du noch zur Schule, oder . . .?

*B:* (Say which school and which class.)

*A:* Hast du noch Geschwister?

*B:* (Tell her, giving names and ages.)

*A:* Wie alt bist du eigentlich?

*B:* (Tell her. Say when your birthday is.)

*A:* Welches Sternzeichen bist du?

*B:* (Give the German name for your Zodiac sign – see page 66.)

**2  Ich heiße Kerstin**

*A:* (Say hello, and ask the person's name.)

*B:* Ich heiße Kerstin.

*A:* (Say: you're German, aren't you?)

*B:* Ja, das stimmt. Du sprichst aber gut Deutsch.

*A:* (Respond politely, and ask where she comes from.)

*B:* Ich studiere jetzt hier in Hamburg. Meine Eltern wohnen in Hannover. Dort bin ich zu Hause.

*A:* (Respond politely, and ask how old she is.)

*B:* Ich werde im Februar achtzehn.

*A:* (Ask if she has any brothers or sisters.)

*B:* Nein. Ich bin ein Einzelkind. Aber ich hätte gerne einen Bruder oder eine Schwester.

*A:* (Suggest she might like to write to you sometime.)

*B:* Ja, sehr gerne. Sag mir deine Adresse.

*A:* (Tell her.)

**3  a** Compose an advertisement like the ones on page 66 on your own behalf.

**b** Interview your classmates and teacher, and compile similar personal profiles for them, too.

**4  Wer bin ich?**

Assume the identity of one of the people you interviewed in Exercise 3. Your classmates are allowed to ask ten questions in German to identify that person, e.g.:

**Wie alt bist du?**

**Woher kommst du?**

**Wo wohnst du?** etc.

See who can identify most people. (Anyone whose questions aren't in German, or who asks for a name, is out!)

**5** Here is a letter from a new pen-friend.

**a** Read it carefully, noting useful phrases.

**b** Write a similar letter in reply, telling Stefan about yourself and your family.

> München, den 12. August
>
> Hallo, wie geht's!
> Ich heiße Stefan und freue mich, daß wir uns schreiben! Bin 14 Jahre jung, habe blaue Augen und dunkles Haar und wohne mit den Eltern in einem Reihenhaus in einem Vorort von München. Ich habe einen Bruder, Marco. Er ist 23 und ist Medizinstudent. Ich habe auch noch zwei Schwestern. Meine ältere Schwester, 19, heißt Jutta und ist kaufmännische Angestellte bei der Bank. Die jüngere heißt Maria und ist erst drei Jahre alt. Sie geht noch nicht zur Schule. Hast Du Geschwister? Wie heißen die? Und wo wohnst Du? Habt Ihr ein Haus oder eine Wohnung? Habt Ihr auch Haustiere? Wir haben eine liebe kleine Miezekatze namens Susi und einen riesengroßen Hund. Der heißt Max und ist fast so groß wie

# 16 Zu Besuch

 ## 1 Du kannst es dir aussuchen

**I**

*Kerstin:* So, der Tisch ist fertig. Helge, kommst du dann bitte essen?

*Helge:* Oh, das hast du aber schön gemacht. Wo darf ich mich bitte hinsetzen?

*Kerstin:* Das ist ganz egal. Wo du möchtest. Die anderen sind noch nicht da. Du kannst dir einen Platz aussuchen.

*Helge:* Dann setz' ich mich neben dich.

*Kerstin:* Darf ich dir etwas zu trinken anbieten?

*Helge:* Etwas Alkoholfreies . . . oder ein Bier?

*Kerstin:* Du kannst es dir aussuchen. Wir haben Bier und Wein, oder auch etwas Alkoholfreies.

*Helge:* Dann nehm' ich ein Bier.

*Kerstin:* Ja. Ich schenke uns eben ein. Bitte schön.

*Helge:* Danke schön.

*Kerstin:* Zum Wohl!

*Helge:* Zum Wohl!

**fertig** ready
**das ist ganz egal** that doesn't matter at all
**anbieten** to offer
**einschenken** to pour out
**zum Wohl!** cheers!

**II**

*Kerstin:* Zu essen darfst du dir aussuchen: wir haben Salat, Schinken, Käse. Dort hinten steht ein anderer Salat. Nimm dir bitte, was du möchtest.

*Helge:* Was ist in dem Salat hier vorne?

*Kerstin:* Hier vorne sind Erbsen, Schinken, Käse und Nudeln drin.

*Helge:* Käse mag ich leider nicht. Dann nehm' ich etwas von dem Kartoffelsalat dahinten.

*Kerstin:* Ja, bediene dich. Soll ich ihn dir 'rüberreichen?

*Helge:* Danke. Es geht so.

*Kerstin:* Guten Appetit . . .

**hinten** at the back
**vorne** at the front
**sich bedienen** to help oneself
**rüberreichen** to pass across

**III**

*Kerstin:* Von welchem Kuchen darf ich dir anbieten? Ich habe Sahnekuchen. Oder einen Obstkuchen – einen Kirschkuchen. Oder eine Schwarzwälderkirschtorte.

*Helge:* Bitte ein Stück von der Schwarzwälderkirschtorte. Sahnekuchen mag ich nicht so gerne.

*Kerstin:* Bitte schön

*Helge:* Danke.

*Kerstin:* Kann ich dir sonst noch etwas Gutes tun?

*Helge:* Danke schön, nein. Guten Appetit!

*Kerstin:* Guten Appetit!

*Helge:* Mmm, die Torte ist aber lecker! Hast du die selbst gebacken?

*Kerstin:* Die nicht. Die hab' ich heute vom Bäcker geholt. Die anderen beiden Kuchen mußt du aber auch noch probieren. Die sind selbst gebacken.

*Helge:* Mach' ich nachher.

*Kerstin:* Gut.

**sonst noch etwas?** anything else?
**selbst** yourself
**probieren** to try

 ## 2 Ich zeige dir dein Zimmer

**I**

*Kerstin:* Komm Helge. Ich zeige dir dein Zimmer. Ich hoffe, es gefällt dir.

*Helge:* Oh ja, prima. Das ist sehr schön.

*Kerstin:* Du kannst deine Sachen hier in den Schrank hängen. Hier hast du noch einige Kleiderbügel.

*Helge:* Danke.

*Kerstin:* Die Kommode dort kannst du auch benutzen.

| | |
|---|---|
| *Helge:* | Wo kann ich bitte meine Reisetasche hinstellen? |
| *Kerstin:* | Neben dem Schrank hier ist Platz genug. Stell sie bitte dorthin, wenn du magst. |
| *Helge:* | Ist gut. |
| *Kerstin:* | Das Badezimmer ist gleich nebenan. Komm mal eben mit! |
| *Helge:* | Schön. Was muß ich tun, wenn ich duschen will? |
| *Kerstin:* | Den Hebel hier mußt du nach links drücken. Hier hast du Seife und ein Handtuch. Wenn du noch etwas anderes brauchst, mußt du es nur sagen. |
| *Helge:* | Gut, danke. |
| *Kerstin:* | Möchtest du jetzt vielleicht schon ein Bad nehmen? |
| *Helge:* | Ja, danke. Das mache ich gleich. |

**der Kleiderbügel (-)** clothes hanger
**die Kommode (-n)** cupboard
**nebenan** next door
**der Hebel (-)** lever

## II

| | |
|---|---|
| *Kerstin:* | Em, möchtest du dich gleich hinterher hinlegen oder hast du noch ein bißchen Lust mit uns fernsehzugucken? |
| *Helge:* | Nein danke. Ich bin ziemlich müde. Dann geh' ich lieber ins Bett. |
| *Kerstin:* | Möchtest du vielleicht vorher noch deine Eltern anrufen? |
| *Helge:* | Das wäre sehr schön. Wo steht denn das Telefon? |
| *Kerstin:* | Hier gleich links um die Ecke. Telefoniere ruhig so lange du willst. |
| *Helge:* | Gut, vielen Dank. Wann muß ich denn morgen aufstehen? |
| *Kerstin:* | Das ist ganz egal. Wir stehen immer um sieben Uhr auf. Du kannst aber ruhig ausschlafen. |
| *Helge:* | Vielen Dank. |
| *Kerstin:* | Gute Nacht! |
| *Helge:* | Gute Nacht! |

**hinterher** afterwards
**sich hinlegen** to lie down

## A Comprehension check

1 You've been to Kerstin's party, and mention it in a letter home. Listen again, then copy out and complete the following letter extract:

```
1    ... lovely party.  Kerstin's new friend

     was there, sitting ___, of course!

     There was a good choice of drinks: ___,

     ___ and also ___.


11   The food was delicious.  They had two

     kinds of ___, as well as ___ and ___.


111  You'd have loved the cakes!  There

     was ___, ___, a cake and a

     fantastic ___ gateau, fresh from ___.

     By the way, if Kerstin ever brings

     Helge for tea, don't offer him any

     ___!
```

2
II You've tried to make a noodle salad like the one you enjoyed at Kerstin's party. Unfortunately yours doesn't taste the same ... You used noodles, peppers, tomatoes and chicken.
Listen again to Kerstin describing the contents of her salad, to find out where you went wrong.

3 Kerstin's parents let you stay overnight. Listen again. Can you tell:
I
a Where to put your clothes?
b Where to find the bathroom?
c How the shower works?
II
a What the family are about to do?
b Where to find the telephone?
c What time they all get up?

69

**B Mmm, die Torte ist aber lecker!
Hast du sie selbst gebacken?**
Similarly: **Der/die/das schmeckt aber gut!**

Hast du *den/die/das* selbst *gemacht/gekocht?*
Listen again, then taking turns, express
your appreciation of the following:

1 der  -pudding  5 das  -eis

2 die -marmelade  6 der -salat

3 der -kuchen  7 der -strudel

4 die -suppe  8 das -brot

The listener responds appropriately.
*Den/die/das* nicht. *Den/die/das* hab' ich
heute vom *Bäcker/Supermarkt* geholt. Aber
*den/die/das* ... mußt du auch noch
probieren. *Den/die/das* hab' ich selbst
*gebacken/gemacht/gekocht.*

**C Darf ich dir etwas zu trinken
anbieten?**
Similarly you might offer: **(etwas Tee)** or
**(ein Stück Käse)**.
Listen again, then take turns in offering
your guest the following:
(He/She responds appropriately.)

1

etwas ...

5
eine Tasse ...

2

ein Glas ...

6

ein Stück ...

3

eine Scheibe ...

7

etwas ...

4

eine Scheibe ...

8

etwas ...

**D Hier hast du noch einige Kleiderbügel.**
Similarly you might offer: **(etwas
Schampoo)** or **(ein Bügeleisen)**.
Listen again, then practise offering your
guest these: (He/She responds
appropriately.)

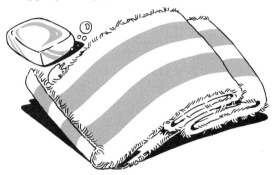

etwas ...  einige ...

einen ...  eine ...

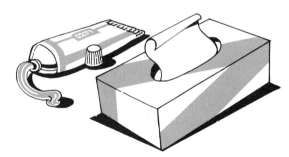

etwas ...einige ...

**E Telefoniere ruhig so lange du willst.**
Listen again, then make your visitor feel at
home: (He/She responds appropriately.)

| Schlafe Bleibe Esse Nehme | ruhig so | lange viel viele | du | willst möchtest |
|---|---|---|---|---|

# Role play

Act out these situations with your partner, swapping roles:

**1  Wir gehen jetzt zu Tisch!**
Kerstin's mother asks you to lunch.

*Frau Lüllmann:*  Wir gehen jetzt zu Tisch.
*You:*  (Ask where you may sit.)
*Frau Lüllmann:*  Du kannst dort sitzen. Neben Thorsten.
*You:*  (Respond politely.)
*Frau Lüllmann:*  Gibst du mir deinen Teller?
*You:*  (Respond politely and ask what sort of soup it is – Was ist das für eine Suppe?)
*Frau Lüllmann:*  das ist eine Kartoffelsuppe.
*You:*  (Ask what is in the soup.)
*Frau Lüllmann:*  Suppengemüse, Speck, Kartoffeln, Zwiebeln und Wurst.
*You:*  (Respond politely.)
*Frau Lüllmann:*  Was möchtest du trinken?
*You:*  (Respond appropriately.)
*Frau Lüllmann:*  Dann laß es dir schmecken!
*You:*  (Respond politely.)

**2  Komm, ich zeige dir dein Zimmer!**

*Kerstin:*  Komm, ich zeige dir dein Zimmer!
*You:*  (Respond politely. Ask where you can put your things.)
*Kerstin:*  Du kannst deine Sachen in den Schrank dort hängen.
*You:*  (Respond politely. Ask where the bathroom is.)
*Kerstin:*  Das Badezimmer ist gleich nebenan. Komm mal mit!
*You:*  (Ask how you operate the shower.)
*Kerstin:*  Du mußt den Henkel hier links runterdrücken. Möchtest du jetzt ein Bad nehmen?
*You:*  (√)
*Kerstin:*  Willst du dich gleich hinterher hinlegen, oder hast du Lust, mit uns noch ein bißchen fernzugucken?
*You:*  (. . .)

*Kerstin:*  Möchtest du vielleicht deine Eltern noch anrufen?
*You:*  (√ They'd be very pleased!)
*Kerstin:*  Dort steht das Telefon. Nimm es dir.
*You:*  (Respond politely.)

  **3**  German friends invite you to a meal one evening. You are the perfect guest! With a partner, write down your conversation, then act it out, swapping roles:

You mention how nice the table looks and ask where you may sit. You are offered wine, beer or punch **Bowle**, (**zum Wohl!**) as well as an alcohol-free drink. There is **Wurstsalat** and **Nudelsalat**. Ask what is in them, decline politely if there is anything you don't like and say what you will have. There are delicious **Torten** to try afterwards . . . are they home-baked? **Guten Appetit!**

  **4**  You are planning a special English meal for a German friend. In German, write out:
**a**  the menu.

|  | Zu essen | zu trinken |
|---|---|---|
| Vorspeise | . . . | . . . |
| Hauptspeise | . . . | . . . |
| Beilagen | . . . | . . . |
| Nachtisch | . . . | . . . |

**b**  your shopping list.

**5**  You have just returned from a lovely holiday with Kerstin's family at their **Ferienwohnung** in the Bavarian Alps and write to thank her mother for a wonderful stay. Make the following points to Frau Lüllmann:
– the food was fantastic
– say what you thought of the scenery
– thank her very much.

# 17 Was machst du morgen?

## 1 Hallo, wie geht's?

*Sandra:* Hallo, wie geht's?
*Robert:* Danke. Ganz gut.
*Sandra:* Was machst du morgen?
*Robert:* Weiß ich noch nicht. Nichts Besonderes.
*Sandra:* Die anderen gehen ins Schwimmbad. Hast du Lust, mitzukommen?
*Robert:* Keine schlechte Idee. Aber wie kommen wir denn dorthin?
*Sandra:* Meine Mutter wird uns schon hinfahren. Sie geht auch gern ins Schwimmbad.
*Robert:* Bringt sie uns auch wieder nach Hause?
*Sandra:* Na klar!
*Robert:* OK. Können wir machen. Aber was machen wir, wenn es regnet?
*Sandra:* Wenn's regnet, können wir ins Kino gehen, wenn du magst.
*Robert:* Weißt du denn, was läuft?
*Sandra:* Nein. Aber das wird sicherlich in der Zeitung stehen.
*Robert:* Oder du kommst dann zu mir, und wir hören Musik.
*Sandra:* Das geht auch. Also komm' ich morgen nachmittag auf jeden Fall bei dir vorbei. Um wieviel Uhr soll ich denn kommen?
*Robert:* Wie wär's um halb vier?
*Sandra:* Um halb vier? Ist gut. Bin auf jeden Fall bei dir um halb vier. Also Tschüß dann, bis morgen!
*Robert:* Ciao.

> **dorthin** (to) there
> **was läuft** what's on?
> **auf jeden Fall** in any case, at all events
> **eingeladen** invited

## 2 Schade!

*Werner:* Hast du heute abend etwas vor?
*Michael:* Ja, doch.

*Werner:* Wieso? Was machst du?
*Michael:* Ich bin eingeladen.
*Werner:* Schade! Ich wollte mit dir ausgehen.
*Michael:* Das hättest du früher sagen sollen.
*Werner:* Ja, ein anderes Mal dann.

> **Schade!** (that's a) shame, pity
> **Das hättest du früher sagen sollen** you should have said that earlier

## 3 Wir treffen uns am Eingang

*Werner:* Hast du heute abend Zeit?
*Michael:* Ja, warum?
*Werner:* Willst du mit mir ins Kino gehen?
*Michael:* Es kommt darauf an, was es für Filme gibt.
*Werner:* Es gibt Verschiedenes: ein Western mit John Wayne.
*Michael:* Ach, nee! Bloß nicht das!
*Werner:* Oder ein Krimi?
*Michael:* Interessiert mich auch nicht.
*Werner:* Was möchtest du dann anschauen?
*Michael:* 'Jenseits von Afrika' läuft heute. Den wollt' ich mir schon immer ansehen.
*Werner:* Können wir machen. In welchem Kino läuft der?
*Michael:* Im Aki-Kino.
*Werner:* Wollen wir uns da treffen? Oder soll ich dich abholen?
*Michael:* Ich würde sagen, wir treffen uns am Eingang.
*Werner:* Um wieviel Uhr?
*Michael:* Sagen wir um sieben?
*Werner:* Einverstanden! Tschüß!
*Michael:* Tschüß dann. Bis später.

> **Es kommt darauf an** it depends
> **Bloß nicht das!** Anything but that!
> **'Jenseits von Afrika'** 'Out of Africa'
> **abholen** to fetch, pick up
> **Einverstanden!** agreed!

## A Comprehension check

Listen again and answer the questions as fully as you can:

1 **a** Hat Robert morgen viel vor?
   **b** Was schlägt Sandra vor?
   **c** Wie kommen die Freunde hin und zurück?
   **d** Was könnten die machen, wenn's regnet?
   **e** Wo treffen sie sich, und wann?

2 Choose the correct alternative, (i) or (ii)
   **a** Today, Michael:
      (i) is free.
      (ii) has something else on.
   **b** (i) Werner is cross.
      (ii) Werner is upset.
   **c** Next time, perhaps Werner will:
      (i) go to the cinema.
      (ii) not want to go to the cinema.

3 **a** Michael would like to see:
      (i) a film with John Wayne.
      (ii) anything but John Wayne.
   **b** The friends will meet:
      (i) at 7.00 pm at Michael's house.
      (ii) at the entrance.

## B Equivalents

Listen to the passages again and find the German equivalents of:

1 **a** How are you?
   **b** Do you know what's on?
   **c** How about half past three?
2 **a** Are you doing anything this evening?
   **b** Another time, then.
3 **a** It depends.
   **b** That doesn't interest me either.
   **c** Shall we meet there?
   **d** Shall I pick you up?
   **e** What time?

## C Die anderen gehen ins Schwimmbad. Hast du Lust, mitzukommen?

Suggest your friend go with you:

 1 zum
2 in die
3 in den
4 auf eine

He/She replies:

**Aber wie kommen wir dorthin?**
and makes a suitable suggestion:

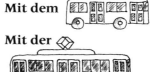

**Mit dem**

**Mit der**

**Zu**

## D

On a visit to Hamburg, you receive a telephone call from a German friend. Consult the diary and the local entertainment guide (below) and arrange outings together. (Your friend's diary and guide are on page 74.)

Montag:

Dienstag: Schwimmen im Verein 18·30

Mittwoch:

Donnerstag:

Freitag: Kino mit Astrid 20·00

Samstag:

Sonntag: Ausflug mit Eltern

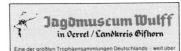

| Montag: |
| o |
| Dienstag: |
| o  Party bei Jürgen 19:00 |
| Mittwoch: |
| o |
| Donnerstag: |
| o  Mutters Geburtstag |
| Freitag: |
| o |
| Samstag: |
| o  Fußballspiel 10:00 |
| Sonntag: |
| o  Fernsehen 14:00 |

**E  Aber was machen wir, wenn's regnet? Willst du mit mir ins Kino gehen?**

Listen again and in the same way, take turns at suggesting alternative entertainment:

**F  Soll' ich dich abholen?**

Ich würde sagen, wir treffen uns am Eingang.

**Können wir machen.**

Listen again, then:

1  Match the captions to the places below:
   a  am Ausgang
   b  an der Wurstbude
   c  an der Bushaltestelle
   d  im Restaurant
   e  auf dem Tennisplatz
   f  vor dem Rathaus
   g  am Kartenschalter
   h  im Wartezimmer

   1  on the tennis court
   2  at the ticket office
   3  in front of the Town Hall
   4  in the waiting room
   5  in the restaurant
   6  at the exit
   7  at the bus stop
   8  at the sausage stand

## Role play

**1 Kerstin**

*Kerstin:* Hast du Lust, mit mir Tennis zu spielen?

*You:* (...)

*Kerstin:* Was machst du morgen vormittag?

*You:* (Say you're busy)

*Kerstin:* Schade! dann vielleicht ein anderes Mal.

*You:* (Say how about tomorrow afternoon?)

*Kerstin:* Morgen nachmittag geh ich mit Freunden ins Schwimmbad. Möchtest du mitkommen?

*You:* (Say yes.)

*Kerstin:* Gut. Wir treffen uns dort um halb drei.

*You:* (Suggest exactly where to meet.)

*Kerstin:* Ist gut. Bis dann. Tschüß!

*You:* (...)

**2 Sven**

*Sven:* Hallo, wie geht's?

*You:* (... – und dir?)

*Sven:* Ja, auch gut. Wie wär's denn mal, wenn wir uns treffen?

*You:* (√ – when?)

*Sven:* Wie wär's mit morgen abend?

*You:* (×, aber nächsten Mittwoch?)

*Sven:* Nächsten Mittwoch? Nee, leider kann ich auch nicht!

*You:* (Respond appropriately.)

*Sven:* Ja, ich ruf' dich am besten nochmal an.

*You:* (Respond appropriately.)

**3** It's the first week of the holidays! Write out a new diary page like the one on page 74, but this time leaving all the sections blank. Then in German make dates with various classmates so that you are doing something interesting all week. Ask your friends whether they are free at certain times:
**Was machst du ...?**
find out what they would like to do:
**Was möchtest du ...?**
suggesting alternatives where possible:
**Hast du Lust ...? Wir könnten ...**

Arrange times and places to meet up:
**Treffen wir uns um ... am ...**
and enter all the details in your diary as you go: **Was? Wann? Wo?**

**4** You have arranged to meet Kerstin in London, but then receive this letter:

> Köln, den 7. Juli
>
> Hallo!
> Wie Du siehst, sitze ich noch hier zu Hause. Gestern haben wir auf der Autobahn eine Panne gehabt. Wir müssen vierzehn Tage warten, bis die Reparatur fertig ist! Dann fahren wir nicht mehr nach London, sondern direkt nach Oxford. Schade! Ich hatte mich so auf ein Wiedersehen in London gefreut! Vielleicht sehen wir uns aber trotzdem noch? Schreib bitte schnell!
> Deine (traurige)
> Kerstin

Using the outline below, write a suitable letter back to Kerstin, saying what you did instead and suggesting alternative arrangements:

> (today's date)
>
> Liebe Kerstin,
> danke für Deinen Brief. Ich war ganz unglücklich, daß Du nicht kommen konntest. Ich bin dann mit den Eltern ... Wir haben
> ... ...
> Wie wär's, wenn wir uns ... treffen? Wir könnten ... oder vielleicht ... Schreib bitte bald, was Du meinst – oder ruf mich an!
> Grüße und Küsse
> Dein(e) ...

# 18 In welche Schule gehst du?

## 1 Ich geh' auf's Gymnasium

*Sven:* In welche Schule gehst du?
*Erika:* Ich geh' auf's Gymnasium.
*Sven:* Was für Fächer hast du?
*Erika:* Eh, meine Hauptfächer sind ... em, Mathematik, Latein, Englisch und Deutsch.
*Sven:* Hast du noch andere Fächer?
*Erika:* Em, ja. Dann hab' ich noch Physik, Kunst, Sport, Erdkunde, Politik und na – der Rest fällt mir nicht ein!
*Sven:* Wann fängt deine Schule an?
*Erika:* Meistens um acht, aber manchmal auch um neun.
*Sven:* Habt ihr samstags Schule?
*Erika:* Ja, aber jeden ersten Samstag im Monat haben wir frei.
*Sven:* Gefällt dir die Schule?
*Erika:* Schwierig! Die Pausen ja ...

**das Hauptfach (¨er)** main subject
**die Kunst (-er)** art
**die Erdkunde** geography
**der Rest (-e)** rest, remainder
**einfallen** + *dat.* to occur to
**anfangen** to begin
**schwierig** difficult
**die Pause (-n)** break

## 2 Welches Fach hast du am liebsten?

*Jutta:* In was für eine Schule gehst du?
*Mark:* Auf eine Waldorfschule.
*Jutta:* Welches Fach hast du am liebsten?
*Mark:* Mathematik.
*Jutta:* Und wann fängt die Schule bei dir an?
*Mark:* Um viertel nach acht.
*Jutta:* Und wie lange geht sie?
*Mark:* Ach, das ist verschieden. Manchmal bis eins, manchmal aber auch bis halb fünf.
*Jutta:* Habt ihr auch samstags Schule?
*Mark:* Ja, jeden Samstag.

*Jutta:* Wieviele Stunden hast du pro Tag?
*Mark:* Ja, verschieden. Manchmal sind es fünf. Manchmal sind's neun. Aber einmal auch vier.
*Jutta:* Und was machst du dann nachher? Nach dem Unterricht?
*Mark:* Ja, da geh' ich nach Hause und esse. Und mach dann meine Hausaufgaben. Und geh' dann noch raus oder höre Musik oder so.
*Jutta:* Brauchst du lange für deine Hausaufgaben?
*Mark:* Nein, wir kriegen sowieso sehr wenig auf, auf der Schule.
*Jutta:* Hast du denn irgendwelche Schwierigkeiten?
*Mark:* Nee, eigentlich nicht.
*Jutta:* Und wie gefallen dir die Lehrer? Was meinst du, wie ein guter Lehrer sein sollte?
*Mark:* Ha! Er soll keine Lieblinge haben! Er soll nicht so viele Hausaufgaben aufgeben!

**Waldorfschule** type of school with more individual approach
**nachher** afterwards
**der Unterricht** lessons
**die Hausaufgaben** homework
**kriegen** to get
**sowieso** anyway
**irgendwelche** any
**die Schwierigkeit (-en)** difficulty
**eigentlich** actually

## A Comprehension check

1 Listen again, then copy and complete the notes below:

Erika besucht: ....... (Schultyp)
hat: .............. (Hauptfächer)
.............. (Nebenfächer)
Ihr Schulbeginn: ... Uhr.

What does Erika say about Saturdays? Does she seem enthusiastic about school? (Find the passages which tell you this.)

**2** A German student writes to an English friend. It's not Mark – how can you tell? Listen again, then point out the differences:

> I go to a comprehensive school and my favourite subject is physics. I have to be at school by a quarter to eight, but usually finish by one o'clock. There's no school on Saturdays. The number of lessons varies from day to day: sometimes it's five, sometimes ten. On Saturdays we only have four lessons. After school I go home, have lunch, then do my homework. There's always masses to do! Then I usually go out or watch TV to relax. I find life tough at school – I'm not exactly teacher's pet!

**B Equivalents**

Listen to the passages again and find the German equivalent of:

**1 a** Which school do you go to?
  **b** What subjects do you take?
  **c** Do you have any other subjects?
  **d** Which subject do you like best?
  **e** When does school start?

**2 a** And when does it finish?
  **b** How many lessons do you have each day?
  **c** What do you do after lessons?
  **d** Do you need a lot of time for your homework?
  **e** Do you have any difficulties at school?

**C** Use the questions you found in exercise B, plus any of your own, and ask your partner about *his/her* school day.
Find out as much as you can, and make sure each has a turn at answering the questions.

**D Stundenplan**

Here's Erika's timetable. Unfortunately it's not very legible! Can you copy it out properly for her? Afterwards make out a similar one for yourself.

DARF ICH UM ETWAS RUHE BITTEN?

| Zeit | Montag | Dienstag | Mittwoch | Donnerstag | Freitag | Samstag |
|------|--------|----------|----------|------------|---------|---------|
| 8.00 | Französisch | Religion | | Französisch | Mathematik | |
| 8.50 | Englisch | Mathematik | Latein | Latein | Englisch | Geschichte |
| 9.50 | Mathematik | Deutsch | Mathematik | Deutsch | Physik | Kunst |
| 10.40 | Latein | Englisch | Deutsch | Mathematik | Latein | Kunst |
| 11.15 | Deutsch | Physik | Deutsch | Englisch | Mathematik | Kunst |
| 14.00 | Erdkunde | Turnen | Geschichte | Sport | Musik | |
| 15.35 | Politik | Turnen | Politik | Sport | Musik | |

## E Jugendscala

### A
**Carola (15)**
Ich besuche eine Gesamtschule. Dieses Schulsystem sieht folgendermaßen aus: Es gibt bei uns unter einem Dach je einen Haupt-, Real- und Gymnasiumszweig. Man kann also eine dieser Schulformen besuchen. Natürlich muß man dazu die richtigen Noten haben. Manchmal muß man sich da ganz schön anstrengen.
Wenn man zum Beispiel die Realschule besucht (wie ich) und man ist in Englisch gut, dann kann man in Englisch den Gymnasiumszweig besuchen. Das geht so weit, daß man dann innerhalb eines Halbjahres schon den ganzen Zweig wechseln kann. Und mit einer höheren Schulausbildung hat man später bessere Berufschancen.

### B
**Andreas (16)**
Unser Familienverhältnis ist meistens gut. Meine Geschwister und ich verstehen uns gegenseitig und mit unseren Eltern meistens gut. Nur wenn ich schlechte Noten nach Hause bringe, gibt es Stunk. Ich bin in der Schule zwar mittelmäßig (Noten 2, 3 und 4), habe aber auch schon Fünfen geschrieben. Wenn ich eine Eins schreibe, bekomme ich 2 DM, bei einer Zwei DM 1,50. Denn meine Mutter sagt immer, ich soll üben, aber ich bin zu faul dazu.
Meine Schwester Priska soll mir in Englisch Nachhilfe geben. Aber wenn wir mal eine Stunde machen, gibt es immer Streit und wir zanken uns. Sie hat noch andere Schüler, mit denen versteht sie sich natürlich besser, denn die sind auch nicht ihr Bruder, dem sie eine runterhauen kann.

### C
**Matthias (14)**
Wenn ich in die Schule muß, stehe ich um 7 Uhr auf, frühstücke und räume meine Tasche ein, weil wir an jedem Tag verschiedene Stunden haben. Dann mache ich mich auf den Schulweg. Ich habe es nicht sehr weit, denn ich wohne nur eine U-Bahn Station von Nieder-Eschbach entfernt. Im Sommer fahre ich auch manchmal mit meinem Rennrad in die Schule. Meistens haben wir fünf oder sechs Stunden, mittwochs habe ich nachmittags noch Gitarrenunterricht.
In meiner Freizeit bin ich mit Hausaufgaben beschäftigt oder ich höre Musik. Abends sitze ich meistens vor dem Fernseher. Wir können fünf Programme empfangen.

These interview excerpts above were taken from a special edition of *Jugendscala*, concerning life at a German comprehensive school. Read them carefully. Make notes under the following headings:
English studies
Free-time activities
Attitude to work.

**die Gesamtschule (-n)** comprehensive school
**folgendermaßen** like this
**aussehen** to look like
**die Hauptschule (-n)** intermediate school
**die Realschule (-n)** secondary school
**der Zweig (-e)** branch
**sich anstrengen** to try hard
**wechseln** to change
**die Ausbildung (-en)** education, training
**der Beruf (-e)** career, calling
**einräumen** to clear away
**beschäftigt** busy
**empfangen** to receive
**das Verhältnis (-se)** relationship
**gegenseitig** mutual(ly)
**es gibt Stunk** there's a row
**mittelmäßig** average
**die Note (-n)** mark (On a scale of 1–6.
(1 = very good, 6 = awful!)
**üben** to practise
**die Nachhilfe** coaching
**der Streit (-e)** quarrel
**sich zanken** to quarrel
**sich verstehen mit** to get on with

# Role play

With a partner act out these conversations about school, swapping roles.

## 1 Bernd

*Bernd:* Gehst du auf's Gymnasium?
*You:* (Tell him.)
*Bernd:* Was für Fächer hast du?
*You:* (Tell him.)
*Bernd:* Was ist dein Lieblingsfach?
*You:* (Tell him.)
*Bernd:* In welche Klasse gehst du?
*You:* (Tell him.)
*Bernd:* So weit schon? Wie ist der Klassenlehrer?
*You:* (Say he/she's great!)
*Bernd:* Wann fängt die Schule an?
*You:* (Tell him.)
*Bernd:* Das ist später als bei uns. Ist das eine Ganztagsschule?
*You:* (Tell him when school ends.)
*Bernd:* Habt ihr samstags auch Schule?
*You:* (Tell him.)
*Bernd:* Habt ihr ein Glück!
*You:* (Respond appropriately.)

## 2

*Bernd:* Seit wie lange lernst du schon Deutsch?
*You:* (Tell him.)
*Bernd:* Du sprichst aber gut!
*You:* (Respond politely.)
*Bernd:* Gefällt es dir?
*You:* (Tell him.)
*Bernd:* Wieviele Stunden hast denn du pro Tag?
*You:* (Tell him.)
*Bernd:* Das ist viel. Was machst du nach dem Unterricht?
*You:* (Say you do homework.)
*Bernd:* Du bist aber fleißig! Mußt du viele Hausaufgaben machen?
*You:* (Tell him.)

## 3 Gefällt dir die Schule?

**Schwierig!**

Not everyone feels as dispirited as Erika about school – ask your classmates the same question, and check *their* reaction on a scale of 1–10!

> 1 Prima! Spitze! Einfach klasse!
> 2 Sehr gut, wirklich!
> 3 Mir gefällt's ganz gut.
> 4 Meistens OK.
> 5 Im großen und ganzen nicht schlecht.
> 6 Es geht schon.
> 7 Na, ja. Könnte manchmal schon besser sein.
> 8 Manchmal langweilig.
> 9 Nicht so toll. Es gefällt mir nicht immer.
> 10 Schwierig! Die Pausen, ja...

**4** Talk about school to a partner. You could discuss your timetable:
**Welche Fächer hast du?**
and your views on various subjects:
**Wie gefällt dir Mathematik? Was ist dein Lieblingsfach?**
Find out as much as you can about your partner's daily routine, homework, after-school activities, etc.
**Wo (wohnen)? Wann (aufstehen)? Wie (zur Schule kommen)? Wie weit? Was für Noten (bekommen)? Wieviele Hausaufgaben? Nachher – welche Aktivitäten? Vereine?**

**5** Copy out the outline below, filling in the gaps in German on your own behalf:

> Schultyp/Schulzweig: ...............................
> Uniform: (zB.: blau/weiß oder keine) ........
> Schulweg: (zB: 10 Minuten, Fahrrad) ........
> Klasse: .................................................
> Hauptfächer: .........................................
> Nebenfächer: .........................................
> Schulbeginn: .........................................
> Schulschluß: ..........................................
> Schultage: .............................................
> Hausaufgaben: .......................................
> Aktivitäten/Vereine: ..............................

**6** Read the passages on page 78 again, noting useful phrases. Then in German, write to a German friend giving a description of *your* school life. Begin: **Liebe(r)** ..., and sign off: **Herzlichst,** ...

# 19 Nach der Schule

##  1 Irgendwas Technisches

*Karin:* Gehst du eigentlich noch in die
Schule?

*Sven:* Ja, klar. Ich muß noch ein Jahr zur
Schule gehen.

*Karin:* Und was willst du nach der Schule
machen?

*Sven:* Am liebsten würde ich einen Beruf
erlernen.

*Karin:* Und was für einen?

*Sven:* Irgendwas Technisches.

*Karin:* Hast du dich schon um eine Lehrstelle
bemüht, oder möchtest du studieren?

*Sven:* Nee. Ich hab' mich (noch) überhaupt
noch nicht bemüht. Das müßt' ich
langsam mal machen.

*Karin:* Und was machst du, wenn du keine
Ausbildungsstelle findest?

*Sven:* Weiter zur Schule gehen.

*Karin:* In welche Richtung denkst du da?

*Sven:* Mich interessieren technische Sachen
und Physik und Mathe. In der
Richtung irgendwas.

*Karin:* Willst du auch gern mal im Ausland
arbeiten?

*Sven:* Ja vielleicht. Irgendwo in Amerika
oder in England.

*Karin:* Da kann man vielleicht ganz gut Geld
verdienen, oder?

*Sven:* Glaub' ich nicht. Mich würde ganz
gerne die Mentalität der Leute
interessieren. Oder meine
Englischkenntnisse auffrischen.

*Karin:* Was machst du, wenn du keine Arbeit
findest?

*Sven:* Das weiß ich noch nicht.

> **irgendwas** something, anything
> **der Beruf (-e)** profession
> **die Lehrstelle (-n)** apprenticeship
> **sich bemühen um** to try for
> **überhaupt noch nicht** not at all yet
> **irgendwo** somewhere, anywhere
> **verdienen** to earn
> **die Ausbildungsstelle (-n)** training

##  2 Ich will studieren

*Karin:* Gehst du noch in die Schule?

*Margit:* Ja, ich muß noch ein Jahr machen.

*Karin:* Und was möchtest du danach
machen?

*Margit:* Ich will studieren.

*Karin:* In welche Richtung?

*Margit:* Am liebsten Tourismus.

*Karin:* Und was kann man damit hinterher
machen?

*Margit:* Entweder man geht in Hotels. In
Reisebüros, zu Reiseveranstaltern.
Oder man arbeitet als Reiseleiter.

*Karin:* Willst du danach gern im Ausland
arbeiten?

*Margit:* Ja, gerne.

*Karin:* Welche Länder würden dich am
meisten interessieren?

*Margit:* Frankreich, Spanien, Amerika.

*Karin:* Aber da muß man die Sprachen sehr
gut können, oder?

*Margit:* Ja, Sprachen sind sehr wichtig.

*Karin:* Sprichst du gut Englisch und
Französisch?

*Margit:* Eigentlich schon.

*Karin:* Verdient man in dem Beruf auch sehr
viel Geld?

*Margit:* Das ist unterschiedlich. Man kann
sich auch selbständig machen.

*Karin:* Denkst du daran?

*Margit:* Vielleicht.

*Karin:* Und in welche Richtung?

*Margit:* Veranstalter. Oder Reiseleiter.

*Karin:* Das ist aber sehr interessant.

*Margit:* Ja. Deshalb möcht' ich's ja auch
machen.

*Karin:* Ja. Dann viel Glück!

*Margit:* Danke!

> **der Reiseveranstalter (-)** travel agent
> **der Reiseleiter (-)** travel guide
> **Das ist unterschiedlich** that varies
> **sich selbständig machen** to go into business
> on one's own
> **Viel Glück!** Lots of luck!

## A Comprehension check

Listen again, and answer the questions as fully as possible:

1 a Wie lange geht Sven noch in die Schule?
   b Was will er nach der Schule machen?
   c Hat er sich schon um eine Lehrstelle bemüht?
   d Was macht er, wenn er keine Ausbildungsstelle findet?
   e In welche Richtung denkt er da?
   f Möchte er vielleicht im Ausland arbeiten? Warum (nicht)?

2 Study the paragraph below, written by another student saying much the same as Karin. Can you spot the differences though? Listen again:

> I leave school in two years and then I'd like to get a job, preferably in the tourist industry. I could work in a hotel or in a travel agency. It would be nice to work abroad and I am particularly interested in Germany, Austria or America. Languages are not so important, but I do speak quite good German. Salaries are not very high in this industry but you can start up your own business. That's what I'd really like to do, because you can earn more money that way.

## B Find the questions

Here are some answers – what were the questions? Listen again.

1 a Irgendwas Technisches.
   b Weiter zur Schule gehen.
   c Ja, vielleicht.
   d Das weiß ich noch nicht.

2 a Ja, ich muß noch ein Jahr machen.
   b Ich will studieren.
   c Frankreich, Spanien, Amerika.
   d Das ist unterschiedlich.

## C Equivalents

Listen again, then find the equivalents for the following:

1 a I have one more year at school.
   b No, I haven't tried at all yet.
   c I ought to do that soon.
   d I'm interested in technical things.
   e Don't think so.
   f Or freshen up my English.

2 a Yes, I'd like to.
   b I do, actually.
   c That's very interesting.
   d That's why I'd like to do it.

## D Was willst du nach der Schule machen?

Am liebsten würde ich einen Beruf erlernen.
Practise talking about what you'd most like to do:

**Am liebsten würde ich . . .**

| eine Ausbildungsstelle<br>eine Lehrstelle<br>einen Studienplatz<br>einen Arbeitsplatz | bekommen<br>suchen<br>finden |
| --- | --- |

The listener responds appropriately:
**Als was? In welche Richtung?**
Tell him/her.

**Ich möchte . . .**

| zum Beispiel<br>ganz gerne<br>nicht gerne<br>am besten | Büroangestellte(r)<br>Lehrer(in)<br>Kaufmann<br>Reporter(in) | werden |
| --- | --- | --- |

## Andreas (16) war drei Wochen lang bei einer Bank.

**Andreas:**

**1** Tja, zuerst wollte ich eigentlich zu einer Software-Firma. Die macht Computerspiele. Aber da waren schon zwei aus meiner Klasse. Da bin ich eben zur Bank gegangen. Ich wollte irgendwas mit Computern und Geld machen.

**2** Ja, ich bin jetzt fast sicher, daß ich später einmal Bankkaufmann lernen will.

**3** *In den ersten Tagen* war ich nur eine billige Arbeitskraft. *Ich „durfte"* Briefmarken und Adressen auf 10 000 Briefumschläge kleben. *Das war* schon ziemlich blöde. *Aber dann* hat es echt Spaß gemacht. *Ich habe den ganzen Betrieb kennengelernt. Zuerst war ich* eine Woche im Sekretariat: Akten sortieren. *Dann war ich* im Schalterraum: Schecks ausstellen, Geld wechseln und Sparbücher ausfüllen. *Das war gar nicht mal so schwer. Ich durfte auch mal* in den Tresorraum gehen und einmal sogar in Köln Geld abholen. *Es war schon sehr interessant.*

**4** Eigentlich kann ich schon jetzt nach der 10. Klasse von der Schule direkt zur Bank gehen. Ich will aber noch auf jeden Fall mein Abitur machen. Danach muß ich dann zwei Jahre auf die höhere Handelsschule gehen und noch ein Jahr Praxisunterricht machen – so eine Art Lehre. Das sind dann jeden Monat zwei Wochen Unterricht und zwei Wochen Praxis in der Bank.

**5** Im Moment sieht es nicht so gut aus. Aber ich bin ja wohl erst in sieben, acht Jahren mit der ganzen Ausbildung fertig. Bis dahin habe ich auch noch mehr Computer-Kenntnisse, und das wird ja heute sehr gesucht.

---

**JUGENDSCALA:**

**a** Wie sieht denn so eine Bankausbildung aus?

**b** Wie sind denn da die Chancen, einen Arbeitsplatz zu bekommen?

**c** Wie bist du zu einem Bank-Praktikum gekommen?

**d** Hat das Praktikum dir denn geholfen?

**e** Was haben Sie dort gemacht?

---

## Mein Beruf

1  Ich möchte _____ werden, weil es mir ganz gut gefällt und weil man gut verdient.

2  Ich möchte gerne einmal _____ werden. In diesem Beruf hat man viel mit Medikamenten zu tun, und es werden auch Versuche im Labor gemacht. Der Beruf würde mir Spaß machen.

3  _____, weil ich dann zusammen mit meinem Bruder, der Kaufmann ist, die Metallwarenfabrik meines Vaters übernehmen will.

4  Ich möchte _____ werden. Darauf bin ich gekommen, als ich mich am Arm verletzt hatte und zum Unfallarzt mußte.

5  Ich will auf jeden Fall einen _____ ergreifen, da mir Büroarbeit nicht gefällt. Außerdem habe ich zu Hause schon viel gebastelt und gebaut.

6  _____ Ich würde sehr gerne mit Kindern arbeiten und Kranken helfen.

7  Ich möchte bei einer großen Papierfima _____ lernen. Papier braucht man immer. Außerdem ist diese Firma am Ort. Oder ich lerne Elektriker und mache dann ein eigenes Geschäft auf.

---

handwerklichen Beruf
**Pilot**
**Arzthelferin**
**Zahntechniker**
**Werkzeugmacher**
**Großhandelskaufmann**
**Kinderkranken-schwester**
**pharmazeutisch-technische Assistentin**

---

**E** In the interview extract above, Andreas talks to the German magazine *Jugendscala* about his work experience at a bank. Read it carefully, then:

1 Note down any expressions you think might be useful.

2 Match *Jugendscala*'s questions to the answers Andreas gives.

**F** Now look at the career wishes above right. Can you tell which career each person is referring to? Fill the gaps by choosing the correct words/phrases from the box.

---

**zuerst** at first
**fast sicher** almost sure
**der Kaufmann (-leute)** business man
**billig** cheap
**die Arbeitskraft (¨e)** labour
**der Umschlag (¨e)** envelope
**kleben** to stick, glue
**ziemlich blöde** rather stupid
**der Betrieb (-e)** firm, business
**das Sekretariat** secretary's office
**das Sparbuch (¨er)** savings book
**der Tresorraum** safe room
**die Handelsschule** business school
**die Lehre** apprenticeship

## Role play

Act out these conversations about future plans
with a partner:

### 1  Kerstin

*Kerstin:*  Was wirst du nächstes Jahr
machen?

*You:*  (Tell her.)

*Kerstin:*  Hast du dann irgendwelche
Prüfungen?

*You:*  (Tell her.)

*Kerstin:*  Und wann bist du mit der Schule
fertig?

*You:*  (Tell her.)

*Kerstin:*  Was willst du später im Leben
machen?

*You:*  (Say you want to study. Say what.)

*Kerstin:*  Muß man dann lange studieren?

*You:*  (Say how long.)

*Kerstin:*  Und wo möchtest du studieren?

*You:*  (Tell her.)

### 2  Nikola

Try to cheer Nikola into a more positive
attitude:

*You:*  (Ask if she's going to take exams.)

*Nikola:*  Ja, Nächstes Jahr mach' ich das
Abitur.

*You:*  (Ask if she'll then study.)

*Nikola:*  Na ja. Ist schwierig. Ich weiß nicht,
ob ich Mathe besteh'.

*You:*  (Respond encouragingly.)

*Nicola:*  Ich würde gern eine Ausbildung
machen. Aber als was?

*You:*  (Respond encouragingly. Ask if
she's been to the job centre – **beim
Arbeitsamt.**)

*Nikola:*  Nein. Kommen auch wieder alle
hoffnungslos nach Hause.

*You:*  (Encourage her. Suggest she goes
to the job centre.)

*Nikola:*  Ja, da hast du recht. Das sollt' ich
machen.

*You:*  (Say perhaps she'll find a really
good job)

*Nikola:*  Ja, vielleicht. Das wär' toll. Ich
glaub', ich werde es auf jeden Fall
mal versuchen.

*You:*  (Respond appropriately.)

### 3

**a**  Prepare a list of questions such as those
you found in exercise B, plus any from
the role-play exercises on this page.

**b**  Talk to a partner (partners) about the
future:

> Nächstes Jahr?
> Irgendwelche Prüfungen?
> Irgendwelche Schwierigkeiten?
> Nachher? Nach der Schule?
> Berufswunsch?
> Studium / Ausbildung?
> Was? Wo? Für wie lange? Warum?
> Alternativen?
> Viel Glück!

Use as many new expressions as possible,
and make sure you each have a turn at
answering the questions.

### 4

Write to your pen-friend, describing your
plans for the future (**Zukunftspläne**), and
asking what he / she might be doing. We
have helped you with the outline below.
Copy it out, completing the gaps marked
*__ with words from the list plus any ideas
of your own:

```
                                    (Datum)
Liebe(r) ...,
Ich *__ lange nicht geschrieben - es *__ mir
leid! Im Moment habe ich viel *__, *__ wir bald
Prüfungen haben. *__ meine Noten gut sind, *__
ich weiter zur Schule. *__ möchte ich
vielleicht studieren, zum Beispiel ..., weil ich
gerne mit *__ arbeiten würde. Oder ich
verlasse *__ Jahr die Schule, und *__ mir eine
gute Ausbildungsstelle oder einen interessanten
Arbeitsplatz. Ich *__, es ist schwierig - *__
wer sucht, findet!
Und Du? Hast Du schon einen *__?
*__ mir bitte, was Du machst.
Liebe Grüße von Deinem/Deiner ...
```

*  nächstes  weil  gehe  habe  schreib  von  suche
tut  einen  aber  Berufswunsch  Arbeit  Später
wenn

# 20 Was machst du in der Freizeit?

 **1 Hörst du gern Musik?**

*Sabine:* Was machst du in der Freizeit?
*Sven:* Ich lese ganz gerne und faulenze.
*Sabine:* Hörst du gern Musik?
*Sven:* Ja, gerne.
*Sabine:* Was für Musik hörst du gerne?
*Sven:* Am liebsten Rock Musik.
*Sabine:* Und welche Gruppen gefallen dir am besten?
*Sven:* Mir gefällt am besten U2.
*Sabine:* Spielst du ein Instrument?
*Sven:* Nein. Leider nicht.
*Sabine:* Em, hast du einen Plattenspieler oder einen Kassettenrekorder?
*Sven:* Ich hab' einen Kassettenrekorder.
*Sabine:* Hörst auch ab und zu mal Radio?
*Sven:* Selten.

> **faulenzen** to laze about
> **der Plattenspieler (-)** record player
> **ab und zu mal** now and then
> **selten** seldom, rarely

 **2 Am liebsten Krimis und Aktionfilme!**

*Sabine:* Welche Fernsehsendungen gefallen dir denn am besten?
*Sven:* Am liebsten Krimis und Aktionfilme!
*Sabine:* Was hälst du vom Fernsehen überhaupt?
*Sven:* Eine gute Einrichtung, aber wenn man zu viel Fernsehen guckt, ist es schädlich.
*Sabine:* Gehst du dann lieber ins Kino?
*Sven:* Ja, ganz gerne.
*Sabine:* Und welche Filme siehst du gerne?
*Sven:* Meistens lustige.
*Sabine:* Und welche sind deine Lieblingsschauspieler?
*Sven:* Hab' ich keine.

> **die Fernsehsendung (en)** TV programme
> **Was hälst du von ...?** what do you think of?
> **überhaupt** at all
> **die Einrichtung (-en)** arrangement, facility
> **schädlich** harmful, bad for you

 **3 Meistens mit anderen Leuten**

*Sabine:* Was machst du denn abends?
*Sven:* Abends geh' ich häufiger mal in Kneipen oder in Diskos.
*Sabine:* Gehst du mit deinen Freunden aus oder allein?
*Sven:* Nee, meistens mit anderen Leuten.
*Sabine:* Mmm, wann mußt du denn wieder zu Hause sein?
*Sven:* Ich bin schon achtzehn. Also ich kann mir das frei aussuchen.
*Sabine:* Mmm, liest du auch gerne Romane?
*Sven:* Nein, am liebsten ... eh, Krimis.
*Sabine:* Mmm, treibst du denn auch Sport?
*Sven:* Leider nicht. Hin und wieder schwimm' ich oder lauf' ich ein bißchen.
*Sabine:* Und hast du auch einen Brieffreund?
*Sven:* Nein, hab' ich nicht! Bin ich viel zu faul, Briefe zu schreiben!
*Sabine:* Was sind denn deine Hobbys?
*Sven:* Hobbys? Ja, ich laufe, schwimme, unterhalte mich ganz gerne mit Leuten oder mach auch ganz gerne was mit Kindern.
*Sabine:* Sammelst du auch etwas?
*Sven:* Nein.

> **häufiger mal** quite often
> **die Kneipe (n)** bar
> **Sport treiben** to practise sport
> **hin und wieder** now and again
> **ein bißchen** a bit
> **faul** lazy
> **sich unterhalten** to chat
> **sammeln** to collect

## A Comprehension check

Margit wants to know more about Sven!
Listen again, then answer her questions:

1 a Was macht Sven in der Freizeit?
  b Was für Musik hört er gern?
  c Spielt er ein Instrument?
  d Hat er einen Plattenspieler oder einen Kassettenrekorder?
  e Hört er oft Radio?

2 a Welche Fernsehsendungen gefallen ihm am besten?
  b Was für Filme sieht er gerne?
  c Welche sind seine Lieblingsschauspieler?

3 a Was macht er abends?
  b Wann muß er wieder zu Hause sein?
  c Geht er meistens alleine aus?
  d Liest er gerne Romane?
  e Was treibt er für Sport?
  f Hat er einen Brieffreund? Warum?/ Warum nicht?
  g Was sind denn seine Hobbys?

## B Find the questions!

Here are some of Sven's answers – what were Sabine's questions? Listen again:

1 a Ich lese ganz gern und faulenze.
  b Nein, leider nicht.
  c Ich hab' 'nen Kassettenrekorder.
2 a Ja, ganz gerne.
  b Meistens lustige.
  c Hab' ich keine.
3 a Nee, meistens mit anderen Leuten.
  b Ich hab' einen Kassettenrekorder.

## C Equivalents

Listen to the passages again and find the German equivalent of:

1 a What sort of music do you like?
  b Which groups do you like best?
2 a Which TV programmes do you prefer?
  b Do you prefer going to the cinema?
3 a Mostly with other people.
  b I can please myself.
  c I like chatting to people . . .

## D

Another rainy weekend! What's on TV? *A* has Friday's programme (below). *B* has the Saturday programme (page 87). Find out from one another what's on. Note down the information you give/receive:
**Was? Wann? Wie lange?**

### PROGRAMM 1

**14.55** Programmvorschau
**15.00** Captain Future · Ein gefährliches Geheimnis · Bei den Tiermenschen · Zeichentrick-Serie, Japan · Regie: Tomoji Katsumata. Anschließend: Secret Squirrel **15.30** Lassie · Die Erlebnisse eines Jungen mit seinem Hund · Abenteur-Serie, USA **16.00** Musicbox · Video-Wunschsendung **17.00** Tarzan · Die Mondberge, Teil 2 · Abenteuer-Serie, USA · Regie: Harmon Jones Anschließend: Die kleinen Strolche **18.00** ■□ Es darf gelacht werden · Festival mit Jack Duffy: Der unerwünschte Romeo · Slapstick-Serie, USA Anschließend: Dies war Aubrey oder: Regionalprogramme **18.30** Blick · Nachrichten und Quiz
**18.45** Sport
Moderation: Roman Köster
**19.45** Ciakmull
(L'Umo della Vendetta). Western, Italien 1970. Regie: E. B. Clucher. Mit Leonard Mann, Woody Strode, Peter Martell, Luca Montefiori, Evelin Stewart.
**21.30** Blick
Aktuelles, Show und Künste, Sport, Quiz, Wetter.
**22.15** M-Ein Männermagazin
Von Managern, Muskeln, Motoren, Mut und Mädchen
**22.45** Mit Tennisschläger und Kanonen
Die Primaballerina. Krimi-Serie, USA. Regie: Paul Hendkos. Mit Robert Culp, Bill Cosby, Zohra Lampert, Lawrence Dane, Alan Oppenheimer, Anschließend:
**Blick**
Letzte Nachrichten.

### PROGRAMM 2

**17.00** Jetzt ist Feierabend **17.01** Gwinn zu Beginn **17.05** Die Springfield-Story **17.30** Starts, Tips und Spiele **17.35** Popeye und Menschen im Hotel **17.40** Kleine Alltagsgeschichten **17.54** 6 vor 6 – RTL aktuell **18.00** RTL Spiel **18.05** Stars, Tips und Spiele **18.15** Da-Da-Damals · Oldies mit Iff Bennett **18.15** Regional 7 – Nur über Kanal 7 **18.35** Brigitte zu Besuch bei RTL plus. **18.53** 7 vor 7 – Die Bilder des Tages **19.22** Karlchen
**19.30** Knight Rider
„Die Brandstifter"
**20.20** RTL-Spiel
**20.25** Filmvorschau
**20.30** Man nennt ihn Sacramento
Western, Italien 1970
Jack Thompson, genannt Sacramento, ist Boxer und Besitzer einer großen Farm. Tom Murdock, der bei Boxwetten durch Jack viel Geld verloren hat, versucht, seine Kasse durch einen Banküberfall wieder aufzufüllen, was Sacramento jedoch verhindern kann. Da gerät Sacramentos Tochter Evelyn in Tom's Gewalt, der sie auch nach Erhalt des Lösegelds nich freigibt. Nun greift auch Evelyns Verlobter ein.
Mit Ty Hardin, Christian Hay, Jenny Atkins, G. Rossistewar, Regie: Giorgio Christallinio
**22.05** RTL-Spiel
**22.10** Popeye und Aladins Wunderlampe
**22.15** Wer bin ich?
Ein Quiz mit Prominenten um Prominente aus Vergangenheit und Gegenwart
**22.40** Geheimauftrag für John Drake
„Der Moukta von Mehdi"
**23.00** Wetter
**23.03** Horoskop
**23.08** Betthupferl!
**23.10** Programmschluß

### PROGRAMM 3

**18.00** Mini-ZiB
**18.10** Bilder aus Deutschland
U.a. Der Hochzeitslader. Ein bayerisches Volksstück von Gert Kemming
**19.00** Heute
**19.20** 3SAT-Studio
**19.30** 1. August-festa naziunela– 1"août – festa nationale
Eine Gemeinschaftssendung der französischen, italienischen, deutschen und rätoromanischen Schweiz aus Sils/Segl im Engadin
**21.00** Die Mittwochsgeschichte
**21.15** Zeit im Bild 2

**21.35** Kulturjournal
**21.45** Endstation Supermarkt
Der Designer Achille Castiglioni Porträt von Peter Noever
Der renommierte Künstler zählt weltweit zu den einflußreichsten Designern. Eine internationale Wanderausstellung stellte 1984 sein Werk vor.
Begegnungen
**22.30** Leonhard Cohen – Halleluja in Moll
Film von Georg Stefan Troller. Ein Kamerateam begleitete den Sänger und Lyriker auf seiner Welttournee 1985.
**23.00** Nachrichten

**E  Hörst' auch ab und zu mal Radio?
Treibst du denn auch Sport?**

Conduct a survey!
1 Match the symbols below to the headings in the survey chart.
2 Tick the boxes on your own behalf.
3 Listen again, then in the same way ask your classmates if they do these things often, ticking the boxes as you go:

A

| **Hobbys** | Radio | Lesen | Fernsehen | Computer | Hand-arbeit | Basteln | Musik | Malen | Sport |
|---|---|---|---|---|---|---|---|---|---|
| Nie | | | | ✔✔ | | | | | |
| Selten | | | | | | ✔ | | | |
| Ab und zu | ✔ | | | | | | | | |
| Häufiger | | ✔✔ | | | | | | | |
| Ganz gerne | | | ✔✔ | | | | | | |

**F  Was hälst du vom Fernsehen überhaupt?**

Eine gute Einrichtung, aber wenn man zu viel guckt, ist es schädlich.

Sven gives a considered reply. What do *you* think of TV at all? Or of other familiar forms of entertainment? What do others think? Listen again, then ask your classmates their opinions on:

## G Hörst du gern Musik?
### Was für Musik hörst du gern?
### Und welche Gruppen gefallen Dir am besten?

|         |            | hörst / liest / hast    | du    | gern?        |
|---------|------------|-------------------------|-------|--------------|
|         | **Musik**  | hörst / lest / habt     | ihr   | lieber?      |
|         |            | hören / lesen / haben   | Sie   | am liebsten? |

|               | **Bücher**    |
|---------------|---------------|

| **Welche**    | **Gruppen**   | gefällt  | dir   | am besten?    |
|---------------|---------------|----------|-------|---------------|
|               |               | gefallen | euch  | am wenigsten? |
| **Was für**   | **Sportarten**|          | Ihnen |               |

|               | **Zeitungen** | interessiert   | dich  | am meisten?   |
|---------------|---------------|----------------|-------|---------------|
|               |               | interessieren  | euch  | am wenigsten? |
|               |               |                | Ihnen |               |

Make sure you have equal turns at asking / answering the questions, and use any ideas of your own. Respond appropriately:

**Am liebsten Rock Musik.**
**Mir gefällt am besten *U2***
**Welche sind deine/eure/Ihre**
**Lieblingsschauspieler?**

*B*

**PROGRAMM 1**

**14.55** Programmvorschau
**15.00** Familie Feuerstein
**15.30** Siehste! **16.00** Musicbox
**17.00** Daktarie · Die Mutprobe ·
Abenteuer-Serie, USA **18.00** Hoppla
Lucy · Der neue Job · Unterhaltungs-
Serie, USA ·Regie: Maury Thompson
Anschließend: Dies war Aubrey oder.
Regionalprogramme **18.30** Blick ·
Nachrichten und Quiz
**18.45 Buck Rogers**
Ein tödliches Wagnis.
Science-Fiction-Serie, USA. Regie:
Bick Lowry. Mit Gil Gerald, Frin
Gray,
Tim O'Connor, Anschließend:
**Kartenlotto**
**19.45 Der Page vom Palasthotel**
Filmlustspiel, Österreich 1957. Mit
Erika Remberg, Rudolf Prack, Mady
Rahl, Charles Reigner und anderen
**21.30 Blick**
Aktuelles, Show und Künste, Sport,
Quiz, Wetter.
**22.15 BUNTE Talkshow**
Prominente diskutieren aktuelle
Themen
**23.15 □■ Chicago 1930**
Der treue Killer. Krimi-Serie, USA.
Regie: Leonard Horn. Mit Robert
Stack, Paul Picerni, Nicholas
Georgiade, Abel Fernandez.
**0.05 Blick**

**0.15 Frühstück mit dem Killer**
(Les Etranges) Kriminalfilm,
Deutschland/Frankreich 1969.
Regie: Jean-Pierre Desagnat. Mit
Senta Berger, Michel Constantin,
Julian Mateos, Hans Meyer und
anderen.

**PROGRAMM 2**

**17.54** 6 vor 6 – RTL aktuell
**18.00** RTL-Spiel
**18.05** Wie geht's? **18.15** Club-Hits ·
Iff Bennett präsentiert Highlights aus
der Musikszene von „Hallo
RTL" **18.15** Regional 7 – Nur über
Kanal 7 **18.35** Heute aus Hollywood ·
Kurioses, Informatives und Spassiges
aus der Metropole des
Showbusiness **18.53** 7 vor 7 – Die
Bilder des Tages **19.22** Karlchen
**19.30 Kinoparade**
Zuschauer wählen per Telefon
(00352-1321) zwischen:
**1.** Ich will leben
Dramatischer Spielfilm, Österreich
**■□ 2.** Zwei Herzen voller
**Seeligkeit**
Spielfilm, BRD 1957
**21.07** RTL-Spiel
**21.10** Popeye und der große
Hamburger-Raub

**21.15 Die Ranger**
Kriegsfilm, Italien 1970
Während des Zweiten Weltkriegs
arbeiten die Deutschen an der
Atombombe. Die Experimente sollen
in einem Lager nördlich von
Frankfurt stattfinden. Englische und
amerikanische Geheimdienste sollen
dieses Lager zerstören. Leiter der
Operation ist Major Higginson, der
zur Ausführung des Plans in ein
Gefangenenlager eingeschmuggelt
wird. Ohne die Mithilfe der
Gefangenen kann er jedoch nichts
unternehmen. Mit Dale Cummings,
Carlo Hintermann, Franco Ressel
Regie: Roberto B. Montero
**22.50 Sender mit drei Buchstaben**
Das RTL plus-Kreuzworträtsel zum
Mitraten und Mitgewinnen
**23.12 Wetter**
**23.15 Horoskop**
**23.20 Betthupferl**
**23.35 Programmschluß**

**PROGRAMM 3**

**18.00 Mini-ZiB**
**18.15 Computer-Corner**
Spaß und Infos mit dem „großen
Bruder"

**18.30 Tips & Trends**
**19.00 Heute**
**19.20 3SAT-Studio**
**19.30 Familie Merian**
Morgen wird alles anders sein.
Geschichte aus dem Alltagsleben
einer Wiener Familie.
Mit Dany Sigel, Alfred Reiterer,
Irina Wanka, Stefan Fleming,
Felix Römer, Hannes Siegl u.a.
Regie: Walter Davy.
**20.15 Zur Sache**
Politisches Magazin
**21.15 Zeit im Bild 2**
**21.35 Kulturjournal**
**21.45 Tagebuch**
Aus der evangelischen Welt
**22.00 Die seltsamen Begegnungen
des Prof. Tarantoga**
Satirisch-Utopisches von Stanislaw
Lem. Mit Richard Münch,
Manfred Seipold, Peter Striebeck,
Kurt Beck, Hans Paetsch,
Jobst Noelle u.a.
Regie: Charles Chuck Kerremans
**23.40 Nachrichten**

## Role play

Act out these conversations about your interests with a partner. Swap roles.

### 1 Sven

*Sven:* Was machst du in deiner Freizeit?
*You:* (Say you listen to music.)
*Sven:* Welche Gruppen gefallen dir am besten?
*You:* (Tell him.)
*Sven:* Hörst du auch ab und zu mal Radio?
*You:* (Say yes but you prefer television.)
*Sven:* Welche Fernsehsendungen gefallen dir am besten?
*You:* (Tell him.)
*Sven:* Und was machst du ganz gerne Samstagsabends?
*You:* (Tell him you go out with friends.)
*Sven:* Wo geht ihr hin?
*You:* (Tell him.)
*Sven:* Wann mußt du denn wieder zu Hause sein?
*You:* (Tell him.)

### 2 Kerstin

*You:* (Ask Kerstin if she likes music.)
*Kerstin:* Ja, wahnsinnig gerne!
*You:* (Which pop group?)
*Kerstin:* Am liebsten Elvis und die aus den sechziger Jahren.
*You:* (Respond appropriately.)
*Kerstin:* Hast du auch einen Plattenspieler?
*You:* (Say you've got a cassette recorder. You have a lot of Beatles cassettes.)
*Kerstin:* Ach, du hörst die Beatles auch so gerne?
*You:* (Respond appropriately.)
*Kerstin:* Spielst du ein Musikinstrument?
*You:* (Tell her.)
*Kerstin:* Gehst du manchmal mit Freunden in die Disco?
*You:* (Tell her.)

**3** In German ask a partner about his/her interests, and find out what you have in common: for example what you both like reading, collecting, listening to. What hobbies might you do together or in a group? Note down your ideas so that you can talk about them in class.
**Was? Wann? Wo?**

**4** Read the two letters below, written by German teenagers to their pen-friends. Note down the phrases you find useful, then choose a letter to reply to. Answer any questions as fully as you can and describe your hobbies and interests.

München, den 7. Juni

Liebe Becky, -☺-
heute war strahlende Sonne. Ich war den ganzen Tag beim Radfahren. Wenn das Wetter so bleibt, spiele ich morgen Tennis. Ich bin gern in der frischen Luft – Du auch? Zum Beispiel gehe ich gern mit meinem Vater und meiner Schwester zum Bergwandern. Von München haben wir es nicht weit in die Berge. Was kann man bei Euch machen? Habt Ihr viele Freizeitmöglichkeiten? Was hast Du so für Hobbys? Wenn's regnet, gehe ich meist schwimmen. Oder ich lese etwas – am liebsten Krimis. Schreib mir doch, was Du alles machst! Es freut sich dann wieder Dein Maxi

Köln, den 14. September

Hallo Chris,
☺-lichen Dank für die lustige Geburtstagskarte! Sehr pfiffig! Zum Geburtstag habe ich eine Menge gekriegt – Sportschuhe, Platten, Klamotten, usw. – aber das schönste Geburtstagsgeschenk was von meiner Oma. Sie hat mir eine Gitarre geschenkt! Ich spiele schon seit meinem sechsten Lebensjahr Flöte, aber jetzt soll ich richtig Gitarrenunterricht bekommen. Bist Du musikalisch? Spielst Du auch ein Musikinstrument?
Was tust Du gerne in der Freizeit? Mein Bruder zum Beispiel verbringt seine ganze Freizeit vor dem Computer.
Ich höre lieber Musik oder faulenze ein bißchen... und schreibe meinen Freunden, so wie jetzt!
Laß bitte bald von Dir hören! Ich umarme Dich und grüße Dich ganz lieb.
Deine Gabi

# 21 Wann stehst du immer auf?

 ## 1 Das ist ganz verschieden

*Carola:* Wann stehst du immer auf?
*Astrid:* In der Schulzeit muß ich immer um halb sieben aufstehen. Und du?
*Carola:* Ich muß leider schon um sechs Uhr aufstehen.
Und wann stehst du am Sonntag auf?
*Astrid:* Sonntags steh' ich um halb zehn auf, weil um zehn Uhr die Kirche beginnt.
*Carola:* Was machst du mittags?
*Astrid:* Nach der Schule geh' ich nach Hause und esse zu Mittag. Und was machst du nach der Schule?
*Carola:* Ich gehe auch nach Hause. Und was ißt du immer zu Mittag?
*Astrid:* Das ist ganz verschieden. Aber meistens warm.

**leider** unfortunately
**mittags** at lunchtime(s)
**zu Mittag** at lunchtime, for lunch
**Das ist ganz verschieden** it varies a lot

## 2 Sonntags schlaf' ich sehr lange!

**I**
*Priska:* Wann stehst du immer auf?
*Sabine:* Ich steh' um halb sieben auf.
*Priska:* Und wann stehst du sonntags auf?
*Sabine:* Oh, sonntags schlaf' ich sehr lange!
*Priska:* Und wann bist du heute aufgestanden?
*Sabine:* Heute bin ich um halb zehn aufgestanden.
*Priska:* Und was hast du mittags gemacht?
*Sabine:* Mm, bis mittags hab' ich noch ein bißchen gelesen und dann gegessen. Dann hab' ich meiner Mutter noch beim Kochen geholfen.
*Priska:* Und was hast du heute mittag gegessen?
*Sabine:* Heute mittag hab' ich Goulasch mit Nudeln und Salat gegessen. Und

hinterher Schokoladenpudding mit Vanillesauce.
*Priska:* Und was ißt du gerne am Abend?
*Sabine:* Abends esse ich Brot mit Wurst und Käse. Manchmal mach' ich mir einen Salat oder eine Suppe.

**II**
*Priska:* Und was machst du danach?
*Sabine:* Dann guck' ich fernsehen. Oder treff' mich noch mit Freunden. Es ist ganz verschieden.
*Priska:* Und? Mußt du keine Hausaufgaben machen?
*Sabine:* Ja, manchmal schon.
*Priska:* Und wann gehst du abends schlafen?
*Sabine:* So gegen elf, halb zwölf. Am Wochenende etwas später.
*Priska:* Und mußt du zu Hause helfen?
*Sabine:* Ja, ab und zu. Ich muß mein Zimmer selbst sauber halten. Aber sonst muß ich nicht besonders viel helfen.
*Priska:* Mußt du auch nicht abspülen?
*Sabine:* Wir haben eine Spülmaschine!
*Priska:* Oh, das ist ja praktisch!
*Sabine:* Ja.
*Priska:* Hast du auch ein eigenes Zimmer?
*Sabine:* Ja.
*Priska:* Und wie sieht dein Zimmer aus?
*Sabine:* In der einen Ecke steht mein Bett und ein Kleiderschrank. Und auf der anderen Seite steht ein kleines Sofa mit einem Tisch und einem Schreibtisch. Und drumrum sind sehr viele Pflanzen.

**hinterher/danach** afterwards
**manchmal/ab und zu** sometimes
**sauber halten** to keep clean
**sonst** otherwise
**abspülen** to wash up
**die Spülmaschine (-n)** dishwasher
**eigen** own
**drumrum** round about

## A Comprehension check

**1** Listen again, then answer the questions:
- **a** Wann steht Astrid immer auf?
- **b** Und Carola? Wann steht sie auf?
- **c** Wann steht Astrid am Sonntag auf?
- **d** Was macht sie mittags?
- **e** Ißt sie dann kalt oder warm?

**2** Help Sabine write to an English pen-friend. Listen again, then copy out the following letter extract, filling the gaps:

```
1   ... Usually I get up at ___, but on Sundays I
    ___. Today I slept till ___, then I ___.  We
    had a lovely Sunday lunch: ___ with ___ and
    ___. For dessert we had ___ with ___.

    What do you like eating?
    In the evenings I eat bread with ___ and ___.
    Sometimes I make myself a ___ or a ___.

11  Afterwards I might ___, or ___.  It varies a lot.
    Sometimes I must ___.
    I go to bed around ___ or ___.  At weekends it's
    usually ___.
    Sometimes I have to help around the house: I
    have to ___.  Otherwise ___.  I don't need to
    ___, because ___.
    I have a nice room of my own.  In one corner ___
    and on the other side ___.
    All around are ___.
```

## B Equivalents

Listen to the passages again and find the German equivalent of:

**1 a** During term time I have to get up at half past six.
- **b** On Sundays I get up at half past nine.

**2 I**
- **a** Then I helped my mother with the cooking.
- **b** Sometimes I make myself a salad.

**II**
- **a** Or I meet my friends.
- **b** Yes, sometimes I do.
- **c** A bit later at weekends.
- **d** Otherwise I don't need to help much.
- **e** We have a dishwasher.
- **f** In one corner there's my bed.

## C Wann stehst du immer auf? ...

In der Schulzeit muß ich immer um halb sieben aufstehen. Und du?

**Ich muß leider schon um sechs Uhr aufstehen.** Listen again, then practise saying you have to get up at the following times (leider!):

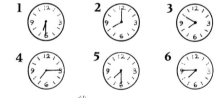

## D Und was machst du nach der Schule?

Nach der Schule geh' ich nach Hause

Listen again, then take turns at saying when you do various things:

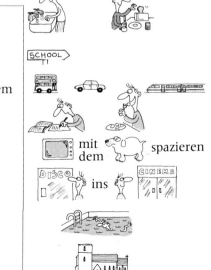

| Vor der Schule | *wasche(n) | ich (*mich) | |
|---|---|---|---|
| Danach/dann | gehe(n) | wir (*uns) | in die |
| Meistens/oft | fahre(n) | | mit dem |
| Mittags | esse(n) | | |
| Nach der Schule | mache(n) | | |
| Abends | *treffe(n) | | in die |
| Am Wochenende | sehe(n) | | |
| Sonntags | höre(n) | | in die |

## Role play

Act out these situations with your partner, taking turns at asking the questions:

### 1 Ich helfe meiner Mutter immer

*You:* (Ask when she gets up.)

*Jacqueline:* Ich stehe um viertel sieben auf.

*You:* (Ask if she gets up then at the weekend as well.)

*Jacqueline:* Nein, nicht ganz so früh. Um acht Uhr ungefähr.

*You:* (And what about lunch?)

*Jacqueline:* Eh, ich mach' mir Brote und die ess' ich dann mittags.

*You:* (Ask what she had for her evening meal yesterday.)

*Jacqueline:* Gestern abend hab' ich Goulasch mit Nudeln gegessen.

*You:* (Ask if she has to help at home.)

*Jacqueline:* Ja, ich helfe meiner Mutter immer beim Abwasch.

*You:* (Ask if her mother cleans her room.)

*Jacqueline:* Nein. Das möcht' ich auch nicht, weil meine Mutter dann nur Unordnung in das Zimmer bringt!

### 2 Nimmst du ein Schulbrot mit?

*Sanne:* Stehst du morgens ziemlich früh auf?

*You:* (Tell her.)

*Sanne:* Und wann gibt es bei euch Frühstück?

*You:* (Tell her. Say you don't have much time in the mornings. You just have ...)

*Sanne:* Mir geht's genauso. Was machst du mittags? Nimmst du ein Schulbrot mit?

*You:* (Tell her.)

*Sanne:* Wann eßt ihr zu abend?

*You:* (Tell her.)

*Sanne:* Und was machst du nach dem Abendessen?

*You:* (Tell her. Then ask her.)

*Sanne:* Meistens geh' ich mit dem Hund spazieren. Oder ich bleib' zu Hause und höre Musik.

*You:* (Respond appropriately.)

### 3 Klassenspiel
### Was machst du mittags?
### ... wann stehst du sonntags auf?
### Und wann gehst du abends schlafen?

Listen again, then:

(i) Write down ten such questions, asking for instance:

> Wann (du) ... (aufstehen/frühstücken/ zur Schule gehen/nach Hause kommen/ schlafen gehen)?
> Was gibt's bei euch (zum Frühstück/ mittags/abends)?
> Was machst du (danach/meistens/ Sonntags/vormittags/Freitag abends)?

(ii) Form two teams, A and B to play a game in class, using your questions:

Team A starts the game with a question to a member of Team B, who answers in German and then asks the next question of a different team A member.

Each team has 20 points to begin with, but loses a point each time their player:
- doesn't use German
- repeats either a question or an answer
- cannot ask/answer within a given time
- asks someone who has been asked before (fold your arms when you have been asked)
- is loud and disorderly!

Appoint someone to keep score and have the last word. Viel Spaß!

## Thomas Reitzhammer (16)

Ich wohne in Erlenbach mit meinen
Eltern und meinem Bruder, der 9
Jahre alt ist. Mein Vater ist
selbstständig und hat eine Firma
mit Angestellten. Auch meine
Mutter arbeitet dort im Büro. Mit
meinen Eltern und meinem Bruder
verstehe ich mich sehr gut. Ich
komme um 13.15 Uhr von der Schule
nach Hause. Dann esse ich mit
meiner Mutter zu Mittag. Nach dem
Essen lese ich eine Tageszeitung
oder eine von meinen
Motorradzeitschriften, die ich
mir selbst kaufe. Inzwischen hat
bestimmt jemand von meinen
Freunden angerufen. Wenn nicht,
gehe ich erst mal telefonieren.
Danach verziehe ich mich in mein
Reich (Zimmer) und mache meistens
Hausaufgaben, höre Musik oder so
etwas. Zum Beispiel, wenn ich mal
nicht Hausaufgaben mache, lese
ich ein gutes Buch. Danach treffe
ich mich mit meinen Freunden bei
mir oder bei anderen oder beim
Schorsch (unsere Stammkneipe), wo
es immer hoch hergeht. Wir
spielen Skat oder Schach oder
diskutieren miteinander. Abends
gehen wir dann ins Kino oder wir
spielen Bowling.

Ich bin auch bei der freiwilligen
Feuerwehr. Jede Woche Mittwoch
haben wir Feuerwehrversammlungen
oder-übung und treffen uns von
19.00 bis 22.00 Uhr. Donnerstags
habe ich dann Fußballtraining auf
dem Sportplatz. Wir trainieren
zwei Stunden die Woche und
spielen sonntags gegen andere
Vereine.

**selbständig** self-employed, independent
**die Firma (-en)** firm
**der/die Angestellte (-n)** employee
**sich verziehen** to withdraw
**das Reich (-e)** realm, kingdom
**die Stammkneipe (-n)** local pub
**Skat** German card game
**miteinander** with each other
**freiwillig** voluntary
**die Feuerwehr** fire brigade
**die Versammlung (-en)** meeting
**der Verein (-e)** club

**4** The interview on the left is taken from the German magazine *Jugendscala*.
Read it carefully, noting down useful phrases.

Then in German, write a letter to either **Thomas** or someone else, telling them about *your* life. Use the outline below, if you wish:

*today's date...*

Liebe(r) ...,
Das Jugendscalainterview fand ich sehr interessant. Jetzt möchte ich Dir über meinen Alltag berichten. Ich wohne (mit wem? wo?) und gehe (in welche Schule?) Normalerweise stehe ich (wann?) auf, dann (was?) Zur Schule sind es (wie viele?) Minuten/Stunden.
Ich fahre/gehe (wie?) dorthin.
Die Schule finde ich (wie?): meine Lieblingsfächer sind (was?)
Mittags esse ich (was? wo?).
Nach der Schule gehe ich nach Hause und esse zu Abend. Meistens gibt es bei uns (was?). Danach (was?).
In der Woche gehe ich (wann?) schlafen, am Wochenende (wann?).
Mein bester Freund/meine beste Freundin heißt (wie?).
Er/sie ist/hat (wie? was?) und wohnt (wo?).
In meiner Freizeit ... ich am liebsten (was? wo?).
Beste Grüße, Dein(e) ...

# 22 Was machst du für Sport?

 **1 Habt ihr gewonnen?**

**I**

*Sabine:* Was machst du eigentlich für Sport?
*Margit:* Ich spiele am liebsten Handball.
*Sabine:* Spielst du richtig im Verein?
*Margit:* Ja, aktiv.
*Sabine:* Wann hattet ihr denn euer letztes Spiel?
*Margit:* Oh, das ist schon einige Wochen her.
*Sabine:* Und habt ihr gewonnen?
*Margit:* Na aber, klar!
*Sabine:* Hast du auch ein Tor geworfen?
*Margit:* Ja, mehrere.
*Sabine:* Wie oft trainiert ihr denn?
*Margit:* Normalerweise zweimal in der Woche.
*Sabine:* Und wie lange spielst du schon im Verein?
*Margit:* Schon seit fünf Jahren ungefähr.

**der Verein (-e)** club
**schon einige Wochen her** quite a few weeks ago
**das Tor (-e)** goal
**normalerweise** normally

**II**

*Sabine:* Und was machst du sonst noch für eine Sportart, außer Handball?
*Margit:* Ab und zu trainiere ich Leichtathletik. Weitsprung.
*Sabine:* Und wie weit springst du so?
*Margit:* Ungefähr fünf Meter.
*Sabine:* Was? So viel?
*Margit:* Ja, du müßtest mal zugucken!
*Sabine:* Habt ihr eine eigene Halle?
*Margit:* Nicht nur von unserem Verein. Wir teilen uns die Halle.
*Sabine:* Ist sie neu?
*Margit:* Etwa fünf Jahre alt.
*Sabine:* Wie baust du dein Training denn so auf?
*Margit:* Ja, erst warm machen, dann kommt die Technik. Man muß schnell genug sein. Man muß die anderen austricksen können.

**sonst noch** otherwise
**außer** besides
**die Leichtathletik** light athletics
**der Weitsprung** long jump
**austricksen** to trick.

 **2 Zum Beispiel schwimme ich gerne**

*Olaf:* Was machst du sportlich?
*Ina:* Ach, ich mache vieles. Zum Beispiel schwimme ich gerne.
*Olaf:* Ah, ich auch. Aber ich bin mal im Ruderverein gewesen.
*Ina:* Bist du alleine gerudert oder mit mehreren?
*Olaf:* Das war verschieden. Wir konnten im Skiff – das ist ein Einer – oder in Vierern, mit Steuermann. Oder Achtern, mit Steuermann.
*Ina:* Ich bin auch in einem Verein. In diesem Verein kann man alles machen, was man will. Man kann Tennis spielen, oder Tischtennis. Man kann turnen oder Gymnastik machen, schwimmen . . .
*Olaf:* Das ist ja gut. Ich hab auch mal Jazz Dance gemacht. (Ah, du auch?) Bei meiner Schwester.
*Ina:* Ja. Ich mache auch gerne Jazz Dance. Aber das mach' ich in der Schule.
*Olaf:* Ach so.
*Ina:* Es gibt in der Schule Arbeitsgemeinschaften. Die nennen wir AG's. Und da können wir vieles machen, zum Beispiel auch Basketball spielen.
*Olaf:* Die gibt's bei uns auch an der Schule.
*Ina:* Ja?

**rudern** to row
**verschieden** different
**es war verschieden** it varied
**der Skiff** skiff
**der Steuermann (-̈er)** cox
**turnen** to do gymnastics
**die Gemeinschaft (-en)** group

## A  Comprehension check

1  True, false or impossible to say? Can you correct the false statements? Listen again:

**I**

a  Margit is a keen handball spectator.
b  Her team won last time.
c  She scored the most goals.
d  They usually practise three times a week.
e  She has been a club member for one year.

**II**

a  Now and then she practises the high jump.
b  She can't jump very well yet.
c  Her club has its very own gym.
d  It is about five years old.
e  The training concentrates on technique – speed is not really important.

2  Listen again and choose the right answer, (i) or (ii):

a  Ina:
  (i) does a lot of sport
  (ii) sometimes goes swimming
b  Olaf:
  (i) belongs to a rowing club
  (ii) used to belong to a rowing club
c  Skiffs were available:
  (i) also for single rowers
  (ii) only for groups with a cox
d  Ina belongs to:
  (i) a tennis club
  (ii) a sports club
e  She practises Jazz Dance:
  (i) at school
  (ii) at work
f  School groups cater for:
  (i) basketball and table tennis
  (ii) a variety of activities

## B  Find the questions!

1  Here are some of Margit's answers – what were Sabine's questions? Listen again:

a  Ja, aktiv.
b  Na aber, klar!
c  Ja, mehrere.
d  Ungefähr fünf Meter.
e  Wir teilen uns die Halle.

## C  Was machst du sportlich?

*Ach, ich mache vieles. Zum Beispiel schwimme ich gern.*

**Und was machst du sonst noch für eine Sportart?**

*Ab und zu trainiere ich Leichtathletik.*

1  Supply the correct caption for the symbols below. (Choose from the list in the box.)
2  Practise talking about the sports you do.

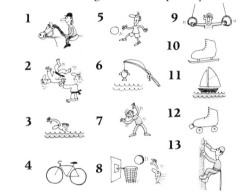

| a | Judo | h | Eislaufen |
|---|------|---|-----------|
| b | Korbball | i | Turnen |
| c | Reiten | j | Aerobik |
| d | Angeln | k | Bergsteigen |
| e | Segeln | l | Fußball |
| f | Schwimmen | m | Radfahren |
| g | Rollschuhfahren | | |

## D  Ich spiele am liebsten Handball

Take turns in saying whether you enjoy participating in these sports, and how often:

| Ich | spiele | ganz gerne/ ungern | |
|-----|--------|---------------------|---|
| | gehe | lieber/ am liebsten | |
| | trainiere | manchmal/ nie | |
| | mache | oft/selten | |

## E  In diesem Verein kann man alles machen, was man will. Man kann Tennis spielen, oder . . .

Describe your ideal sports club!

# Role play

With your partner, act out these conversations in which you talk to a German friend about sport.

## 1 Thorsten

*Thorsten:* Ich spiele gerne Tennis, aber am liebsten mach' ich Judo.

*You:* (Ask where he does Judo.)

*Thorsten:* In einem Sportverein.

*You:* (Ask how often he trains.)

*Thorsten:* Viermal in der Woche.

*You:* (Ask how long he's done judo.)

*Thorsten:* Seit elf Jahren. Ich nehme auch an Wettkämpfen teil.

*You:* (Ask if he enjoys it.)

*Thorsten:* Natürlich. Es macht Spaß. Aber es ist hart.

*You:* (Respond appropriately.)

## 2 Treibst du sport?

*Thorsten:* Und du, treibst du auch viel Sport?

*You:* (√)

*Thorsten:* Welchen Sport machst du im Winter?

*You:* (Say you go swimming.)

*Thorsten:* Wo gehst du hin, zum Schwimmen?

*You:* (Tell him.)

*Thorsten:* Und im Sommer, was machst du dann?

*You:* (Say you play tennis/go cycling. You are in a school club.)

*Thorsten:* Wann trainiert ihr? Abends?

*You:* (Tell him.)

## 3 How much does sport interest you?
**Guckst du nur zu? Machst du aktiv mit?**

Which sports do you like/dislike? Talk to various partners about sport, finding out what you have in common, if anything, and discuss things you might do together. Be prepared to discuss your ideas in class.

| Welche Sportart (en) Was | machst du spielst interessiert dich | gern? am liebsten? oft/nie? am meisten? |
|---|---|---|
| Was | interessiert dich | als Zuschauer? am wenigsten? |

| Wo Wann Wie oft Seit wann Mit wem | machst macht trainierst trainiert | du ihr | das? |
|---|---|---|---|

**4** Teenagers talked to the German magazine *Jugendscala* about their interest in sport. Read the two items below, noting useful phrases. Then in German write a similar paragraph, describing your own sporting activities and interests, or those of a friend.

*Uwe Stahnisch (14)*

**Pferde sind schön**

Ich finde, daß Pferde schöne Tiere sind. Mir gefallen sie jedenfalls ganz gut. Vor einiger Zeit wurde in unserem Dorf ein Reiterhof eröffnet. Zusammen mit Karola Geib - sie wohnt in meiner Straße - bin ich dorthin gegangen. Wir haben uns die Pferde angesehen und haben gefragt, wieviel eine Reitstunde kostet. Die Leute auf diesem Reiterhof sind sehr nett gewesen und haben uns das Reiten beigebracht.

Christoph Diwisch (17)

**Der Torjäger**

In meiner Fußballmannschaft spiele ich als Stürmer. Ich muß möglichst viele Tore schießen. Am Sonntagvormittag haben wir meistens ein Punktspiel. Jede Mannschaft in unserer Gruppe spielt zweimal gegen jede andere, einmal zu Hause und einmal auf dem Platz des Gegners. Im Fußball muß ich noch besser werden. Ich traniere fast täglich. Ein "Torjäger" hat es nicht leicht.

**5** Study the adventure courses below, choose one you like and write to the organisers, asking if there is still room on the course for you. Copy the outline below, putting today's date and filling the gaps marked *__ with words from the list. Add details/ideas/questions of your own:

**bedanke   Platz   geehrte**

**Interessiere   kosten   Bitte   Grüßen**

```
An die Stadt München,

8000 München.              den .. .... 19.. .

Sehr *__ Damen und Herren,

Ich *__ mich für den Kurs ... vom ... bis ...

in ....

*__ teilen Sie mir mit, ob noch ein *__ frei

ist, und was das *__ würde.

Ich *__ mich im voraus für Ihre Mühe.

Mit freundlichen *__,

Ihr(e) ...

Meine Adresse: ...
```

## Zweitägige Bergwanderungen

**Tel. 2337451 od. 2337414**

Unseren jungen Bergsteigern bieten wir drei neue Bergtouren mit Übernachtung an. Am ersten Tag steigen wir zur Hütte auf (Geh-

zeit etwa 2 1/2 Stunden), wo uns ein zünftiger Hüttenabend erwartet. Am nächsten Tag setzen wir die Bergtour fort (Gehzeit etwa 3 1/2 – 4 Stunden) und fahren dann mit der Bahn nach München zurück.

Über Einzelheiten informiert ein Merkblatt, das beim Kartenkauf ausgehändigt wird.

| Teilnehmer: | jeweils 25 Mädchen und Buben von 10 bis 14 Jahren | | |
|---|---|---|---|
| Teilnehmerpreis: | 25,– DM für Betreuung, Fahrt, Abendessen, Übernachtung und Frühstück (bitte Zusatzverpflegung mitbringen) | | |
| | 4./5. August | 6./7. August | 8./9. August |
| Termine: | Taubenstein | Hochries | Teufelstättkopf |
| Bergtouren: | | | |
| Abfahrt: | zwischen 8.40 und 9.00 Uhr, Hauptbahnhof bzw. Starnberger Bahnhof | | |
| Rückkunft: | gegen 18.30 Uhr (siehe Teilnehmerkarte) | | |
| Kartenverkauf: | im Stadtjugendamt | | |

## Fünftägige Segelkurse

**Tel. 2337451 od. 2337414**

Die Anmeldung für die Segelkurse auf dem Pilsensee hat bereits vor 2 Wochen begonnen! Nur für gute Schwimmer (Schwimmwesten werden gestellt). Die Teilnehmer fahren mit der S5 selbständig nach Seefeld–Hechendorf (Fahrplan siehe Teilnehmer-karte) und werden dort am Bahnhof mit dem Auto ab-geholt und wieder zurückgebracht.

| Teilnehmer: | 300 Mädchen und Buben von 14 – 16 Jahren | | | |
|---|---|---|---|---|
| Kurse: | 9.30–12.00 Uhr oder 13.30–16.00 Uhr | 18.8.–22.8. | 25.8.–29.8. | 1.9.–5.9. |
| Teilnehmerpreis: | 85,– DM | | | |
| Kartenverkauf: | im Stadtjugendamt, Paul-Heyse-Straße 20/II | | | |